안녕,
파이썬

안녕, 파이썬

발행일   2022년 3월 14일

지은이   김학인
펴낸이   손형국
펴낸곳   (주)북랩
편집인   선일영   편집   정두철, 배진용, 김현아, 박준, 장하영
디자인   이현수, 김민하, 허지혜, 안유경, 한수희   제작   박기성, 황동현, 구성우, 권태련
마케팅   김회란, 박진관
출판등록 2004. 12. 1(제2012-000051호)
주소   서울특별시 금천구 가산디지털 1로 168, 우림라이온스밸리 B동 B113~114호, C동 B101호
홈페이지   www.book.co.kr
전화번호   (02)2026-5777   팩스   (02)2026-5747

ISBN   979-11-6836-162-1 03000 (종이책)   979-11-6836-163-8 05000 (전자책)

(주)북랩 성공출판의 파트너

북랩 홈페이지와 패밀리 사이트에서 다양한 출판 솔루션을 만나 보세요!

홈페이지 book.co.kr   •   **블로그** blog.naver.com/essaybook   •   **출판문의** book@book.co.kr

---

작가 연락처 문의 ▸ ask.book.co.kr

작가 연락처는 개인정보이므로 북랩에서 알려드릴 수 없습니다.

생애 **첫 코딩**에 도전하는
입문자용 프로그래밍 언어

안녕,
파이썬

김학인

지음

북랩 book Lab

· 컴퓨팅 사고와 문제해결능력을 위한 코딩 교육

세상이 바뀌어 많은 사람들이 코딩에 관심을 갖게 되었습니다. 누구나 코딩을 배워야 한다고 생각하여 초·중·고, 그리고 대학의 교육과정에 포함하고 있습니다. 미래에는 컴퓨팅 사고와 문제해결능력이 꼭 필요한데, 코딩이야말로 이러한 능력을 잘 기를 수 있는 방법이기 때문입니다.

이러한 시류에 맞물려 컴퓨팅 사고, 창의적 문제해결력, 소프트웨어 교육 등 다양한 이름을 한 코딩 교육에 파이썬이 많이 사용됩니다.

· 먼저 프로그래밍적 생각의 근육을 길러야

우리 학생들에게 필요한 것은 누가누가 파이썬에 대해 더 많이 아는가 하는 것이 아니라, 파이썬을 활용해 주어진 문제를 효율적으로 해결할 수 있는 방법을 스스로 생각해낼 수 있는 힘, 프로그래밍 방식으로 생각하는 근육을 길러놓는 것이 우선 필요합니다.

· 처음 시작하는 학생들을 위해

시중에는 수많은 파이썬 관련 책이 있습니다. 물론 훌륭한 서적도 많고, 저도 많은 도움을 받았습니다. 아쉬운 점은 너무 많은 내용을 담고 있다는 것입니다. 처음 시작하는 학생들은 프로그래밍은 어렵고 진입장벽이 높다고 생각할 수 있습니다. 다양한 패키지는 파이썬의 장점이지만 아직 더하기 빼기조차 스스로 하기 어려운 학생들에게 공학 계산기 사용법을 알려주는 격이랄까요?

• 파이썬을 많이 안다고 해서 파이썬을 잘하는 것이 아니다

잘못된 학습의 부정적 사례를 종종 만납니다. 다양한 프로그래밍 문법은 구사할 수 있고 패턴화된 문제해결은 가능하지만, 스스로 해결방법을 생각해내야 하는 문제는 어려워하는 경우가 있습니다. 프로그래밍 고급 기술을 구사하면 주위에서 프로그래밍 잘하는 친구로 여기지만, 잘 못한다는 것을 들키고 싶지 않은지 질문조차 하지 않아 교육에서 소외된다는 점이 큰 문제입니다.

이 책은 제가 다년간의 강의에서 사용한 수업 자료를 모아 만든 책입니다. 처음 보는 내용은 어려운 것이 아닙니다. 낯선 것입니다. 그럼에도 학생들은 낯선 것을 두려워합니다. 그래서 이 책에 담은 파이썬의 문법은 꼭 필요한 것으로만 추렸습니다. 중요한 것은 문법이 아니라, 문제를 해결하는 방법을 스스로 생각해내는 것입니다. 파이썬을 많이 안다고 해서 파이썬을 잘하는 것이 결코 아니라는 것을 꼭 기억해주시면 좋겠습니다.

파이썬에 대해 추가적으로 알아볼 때는 https://www.python.org/doc/를 찾아보세요!

2022년 3월

김학인

• 파이썬 IDLE을 이용해서 파이썬 시작하기

파이썬 홈페이지(https://www.python.org/)의 Downloads 페이지에서 Python 3.x 버전을 설치합니다.

설치를 완료하면 다음과 같은 프로그램이 설치됩니다.

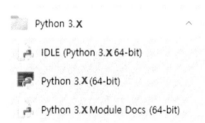

프로그램 중 IDLE를 선택하면 다음과 같이 Python Shell이 실행됩니다. Python Shell은 대화형으로 파이썬 코드를 한 줄 작성하면 바로 실행결과를 보여주는 방식입니다.

```
Python 3.X  Shell                                              —    □    ×
File  Edit  Shell  Debug  Options  Window  Help
Python 3.7.1 (v3.7.1:260ec2c36a, Oct 20 2018, 14:57:15) [MSC v.1915 64 bit (AMD6
4)] on win32
Type "help", "copyright", "credits" or "license()" for more information.
>>> print("Hi, Python")
Hi, Python
>>> 
```

코드 print("Hi, Python")의 실행결과인 Hi, Python이 출력되었습니다.

Python Shell의 "File" 메뉴에서 "New File"을 선택하면 다음과 같이 Editor라고 하는 편집창이 실행됩니다. Editor에서는 여러 줄의 코드를 작성할 수 있습니다.

Editor에 작성한 코드는 "Run" 메뉴에서 "Run Module"을 선택하여 실행하고, 실행결과는 Shell에 나타납니다.

• 아나콘다 주피터 노트북을 이용해 파이썬 시작하기

아나콘다 홈페이지(https://www.anaconda.com/)의 Products 페이지에서 Individual Edition을 설치합니다.

주의할 것은, 설치 경로에 한글이 포함되지 않도록 해야 한다는 것입니다(윈도 사용자명이 한글인 경우 설치 오류가 발생할 수 있으니 주의 바랍니다).

설치를 완료하면 다음과 같은 프로그램이 설치됩니다.

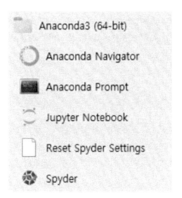

설치된 프로그램 중 Jupyter Notebook을 선택하면 다음과 같은 프로그램이 실행됩니다.

New▾ 에서 Python을 선택하면 다음과 같은 편집창이 나타납니다. Shift + Enter↵ 를 이용해 작성한 코드를 실행합니다.

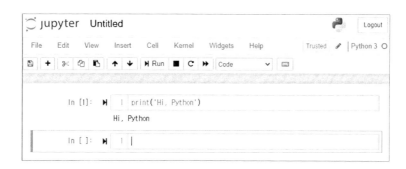

• 구글의 코랩을 이용해 파이썬 시작하기

코랩 사이트(https://colab.research.google.com/)에서는 별도의 설치과정 없이 파이썬 실습이 가능합니다.

- CONTENTS -

Part 01.

출력과 입력

1 데이터를 모니터에 출력하기

파이썬에서 데이터를 모니터에 출력할 때는 print() 함수를 사용합니다.

프로그래밍에서 함수란 정해진 작업을 수행하도록 미리 정의된 것으로, print() 함수는 모니터 화면에 데이터를 출력하는 작업을 수행하는 명령문입니다.

print() 함수를 사용하는 기본 형식은 다음과 같습니다.

```
print(출력내용)
```
```
print ("Python")
```

◇ Hello, World!

다음 예제는 파이썬의 print() 함수를 사용하여 "Hello, World!"를 모니터 화면에 출력하는 프로그램입니다. 이 프로그램은 프로그래밍 언어를 연습할 때 가장 처음 만들어보는 예제로 많이 사용되고 있습니다. 여러분도 다음 예제를 작성하고 실행해보세요.

예제 1-1

```
1   print("Hello World!")
```

```
Hello, World!
```

파이썬 프로그래밍 세계에 오신 것을 환영합니다! ^^

Hello, World!

이 간단 프로그램이 얼마나 유명한지 위키백과[1]에 올라와 있네요.

은 "Hello, world!"를 화면에 출력하는 컴퓨터 프로그램이다. 이 프로그램은 프로그래밍 언어를 연습하는 데에 많이 쓰이고, 많은 프로그래밍 언어 서적에서 가장 처음 만들어보는 기본 예제로 나온다.

"Hello, World!" 프로그램

print() 함수를 사용하는 예제를 몇 가지 다뤄보겠습니다.

◇ 문자열 출력하기

예제 1-2

```
1  print("Life is too short," "You need Python.")
2  print("Life is too short," + "You need Python.")
3  print("Life is too short,", "You need Python.")
```

```
Life is too short,You need Python.
Life is too short,You need Python.
Life is too short, You need Python.
```

위 예제의 실행결과 출력된 내용에서 확인할 수 있듯이 print() 함수는 따옴표(" ")로 둘러싸인 문자열을 그대로 출력한다. 그리고 문자열 간 '+' 연산은 두 문자열을 연결하는 데 사용되므로 위 예제 1, 2행의 실행결과가 동일하게 나타난다.

3행에서 사용된 콤마(,)는 출력 대상 사이에 띄어쓰기를 할 수 있다.

---

1 https://ko.wikipedia.org/wiki/"Hello,_World!"_프로그램

- print() 함수는 따옴표(" ")로 둘러싸인 문자열을 출력합니다.
- 문자열 사이 '+' 연산: 문자열을 연결(문자열 사이 공백 없음!)
- 문자열 사이 콤마(,) 사용: 문자열 띄어쓰기(문자열 사이 공백 있음!)

문자열(String)은 프로그래밍에서 사용되는 용어로 연속적인 문자를 의미하며, 작은따옴표(' ')나 큰따옴표(" ")의 쌍으로 둘러싸여 있습니다. C와 같은 다른 프로그래밍 언어에서는 문자와 문자열을 구분하므로 문자는 작은따옴표를 사용하고, 문자열은 큰따옴표를 사용하지만 파이썬은 문자와 문자열을 동일하게 취급합니다. 그러므로 파이썬 프로그램을 작성할 때 **문자열에 작은따옴표나 큰따옴표 중 어떤 것이든 사용**할 수 있으나, 다른 프로그래밍 언어로 변환할 경우를 고려하여 큰따옴표를 이용하는 경우가 많다고 합니다. 하지만 이것도 관습이기 때문에 자신이 편한 방법을 이용하세요.

◇ 숫자 출력하기

예제 1-3

```
1    print(711)
2    a = 9
3    print(a)
4    b = a +1
5    print(b)
```

```
711
9
10
```

위 예제는 1행에서 숫자 711을 그대로 출력한다.

그리고 2행에서 변수[2] a에 9를 저장하여, 3행에서 변수 a에 저장된 값을 출력하고, 4행에서는 변수 b에 변수 a에 저장된 값에 1을 더한 값을 저장하여, 5행에서 변수 b에 저장된 값을 출력하는 프로그램이다.

---

2 「Part 02. 변수와 자료형」에서 변수에 대해 다룰 예정입니다.

그렇다면 print(a, b)의 출력결과는 무엇일까요?[3] 어렵지 않게 짐작할 수 있을 것입니다.

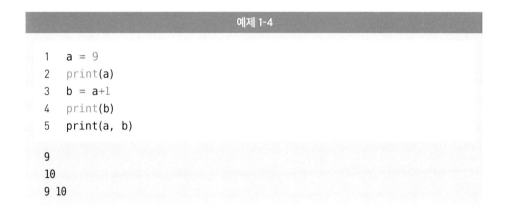

Point 콕콕

- 숫자는 따옴표(" ")를 사용하지 않습니다.
- 변수는 따옴표(" ")를 사용하지 않습니다.
- 문자열은 따옴표(' ' 또는 " ")를 사용합니다.

◇ 줄바꿈 없이 출력하기

여기서 한 가지 더 생각해봅시다.

예제 1-4

```
1   a = 9
2   print(a)
3   b = a+1
4   print(b)
5   print(a, b)


9
10
9 10
```

[예제 1-4]의 2행과 4행의 출력결과가 5행의 출력결과와 같도록 하는 방법은 무엇일까요?

다시 말해, [예제 1-4]의 현재 출력은 [출력1]과 같은데, 이를 [출력2]와 같이 변경하려면 프로그램을 어떻게 수정하면 될까요?

---

3   출력결과:
    9 10

```
1    a = 9
2    print(a, end=" ")
3    b = a+1
4    print(b)
5    print(a, b)

9 10
9 10
```

print() 함수는 괄호 안의 내용을 출력한 후 줄을 바꾸는 후행 개행(출력 끝에 줄바꿈)이 이루어진다. [예제 1-5]의 2행과 같이 print()문을 수정할 경우 출력 끝에 개행(줄바꿈) 대신 공백을 삽입할 수 있다.

Point 콕콕

- print() 함수는 출력 후 줄바꿈(후행 개행) 되므로, 다음 print() 함수의 값이 다음 행에 출력됩니다.
- print() 함수의 출력 끝에 줄바꿈(개행) 대신 공백을 넣으려면 print(출력내용, end=" ")와 같이 작성!

◇ **다양한 출력 방법**

앞의 내용 정도만 알아도 원하는 내용을 출력하는 데 어려움은 없지만, 몇 가지 출력 방법을 더 살펴보며 다양한 출력 방법을 알아보겠습니다.

원하는 출력결과를 만드는 방법은 여러 가지가 있습니다. 파이썬 코드와 출력결과를 함께 보며 print() 함수의 다양한 출력 방법을 익혀보세요.

```
1   n =10
2   f =3.14159
3   print(n, f)
4   print(n, end=", ")
5   print(f)
6   print(n, f, sep=", ")
7   print("%d" %n)
8   print("%.2f" %f)
9   print("10의 제곱", n*n)
10  print("원주율 :", f)
11  print("원주율 : %.2f" %f)
12  print("10의 제곱 %d 원주율 %.2f" %(n=n, f))
```

```
10 3.14159
10, 3.14159
10, 3.14159
10
3.14
10의 제곱 100
원주율 : 3.14159
원주율 : 3.14
10의 제곱 100 원주율 3.14
```

4행: 변수 n의 내용을 출력하고 출력 끝에 콤마(,) 삽입

6행: 변수 n과 f의 내용 사이에 구분자 콤마(,)를 삽입하여 출력

7행: 변수 n의 값을 10진수로 출력

8행: 변수 f의 값을 소수점 이하 셋째 자리에서 반올림하여 둘째 자리까지 출력

더 알아보기

변수의 값을 형식 지정하여 출력
- print("%d" % n): 변수 n의 값을 10진수로 출력
- print("%.2f" % f): 변수 f의 값을 소수점 이하 셋째 자리에서 반올림하여 둘째 자리까지 출력
- print("%o" % n): 변수 n의 값을 8진수로 출력
- print("%x" % n): 변수 n의 값을 16진수 소문자로 출력
- print("%X" % n): 변수 n의 값을 16진수 대문자로 출력

2 데이터를 키보드로부터 입력받기

파이썬에서 키보드로부터 데이터를 입력받을 때 사용하는 함수는 input() 함수입니다.

input() 함수를 사용하는 기본 형식은 다음과 같습니다.

input([prompt])

- -

input("이름?")

prompt(프롬프트): 입력 위치를 나타냄. **[prompt]는 생략 가능.**

input() 함수의 인수로 사용되는 프롬프트(prompt)는 화면에 출력되는 문장으로 사용자가 어떤 값을 입력해야 하는지 정보를 제공할 때 사용하고, 생략 가능합니다. 그리고 input() 함수는 입력되는 모든 것을 문자열로 취급합니다.

◇ 입력받기

예제 1-7

```
1    number = input("좋아하는 숫자 : ")
2    print(number)
3    print(type(number))


좋아하는 숫자 : 13
13
<class 'str'>
```

위 예제는 1행에서 input() 함수를 통해 입력받은 값을 변수 number에 저장하고, 2행에서 변수 number의 값을 출력하는 프로그램이다.

3행에서는 type() 함수[4]를 사용하여 변수 number의 자료형을 출력하고 있다.

앞서 설명한 대로 input() 함수가 입력값을 문자열로 취급하는 것을 확인할 수 있다. 출력결과의 'str'은 string, 즉 문자열을 의미한다.

Point 콕콕

- input() 함수는 입력된 내용을 문자열로 취급합니다.
- 이는 type() 함수를 사용하여 확인 가능합니다.

더 알아보기

In [1] 괄호([ ]) 안의 숫자는 프로그램을 실행한 순서를 나타내고, 별표(*)는 프로그램이 실행 중임을 의미합니다. 여기서는 input() 함수에서 사용자의 입력을 기다리는 프로그램 실행 중 상태입니다.

```
In [*]    1    number = input("좋아하는 숫자 : ")
```

좋아하는 숫자: |

---

4   어떤 값이나 변수에 대한 자료형을 확인할 때 사용한다.

◇ 다양한 입력 방법

파이썬에서 키보드로부터 데이터를 입력받는 몇 가지 방법을 더 살펴보겠습니다. 파이썬 코드와 출력결과를 함께 보며 익혀보세요. 다 외울 필요는 없고, 이런 기능이 있음을 알아두고 필요할 때 찾아볼 수 있으면 됩니다.

예제 1-8

```
1    name = input()
2    print("이름 :", name)
```

김학인
이름 : 김학인

1행 input() 함수의 인수로 사용되는 프롬프트는 생략할 수 있다.

2행 큰따옴표(" ")로 둘러싸인 내용이 그대로 출력된 후 콤마(,)를 사용하여 공백으로 구분되고, 변수 name에 저장된 내용이 출력된다.

예제 1-9

```
1    a, b = input().split()
2    print(a, b)
```

1 2
1 2

1행 split()[5]은 입력값을 공백을 기준으로 분리하여 저장한다. 1과 2 사이에 공백을 두고 입력하면 변수 a에는 1이, 변수 b에는 2가 저장된다.

---

5   문자열을 공백을 기준으로 분할하는 기능을 한다.

```
1    a, b, c = input().split()
2    print(a)
3    print(b)
4    print(c)
```

행복 사랑 평화
행복
사랑
평화

입력 데이터가 세 개인 경우도 연습해보자.

◇ input( ) 함수의 입력값은 문자열!

```
1    number = input("좋아하는 숫자 : ")
2    print(number + 1)
```

좋아하는 숫자 : 13
13

TypeError   Traceback (most recent call last)
<ipython-input-6-798d23b14f88> in <module>()
      1 number = input('좋아하는 숫자 : ')
----> 2 print(number +1)

TypeError: must be str, not int

앞의 예제는 input() 함수의 입력값은 문자열 형태임을 강조하기 위한 예제다. 이 점을 고려하지 않을 경우 위 프로그램의 실행결과와 같은 에러 메시지가 나타난다.

입력값 13은 우리가 볼 때는 숫자 13이지만, 컴퓨터는 문자열 "13"으로 인식한다. 문자열 "13"과 숫자 1에 대한 더하기(+) 연산을 수행할 수 없으므로 오류가 발생.

오류가 발생한 곳은 화살표(---->)를 사용해 알려주므로, 영어 메시지에 당황하지 말고 조금만 살펴보면 에러 메시지를 이해하고 해결할 수 있다.

파이썬에서 다루는 데이터의 형태는 문자열 이외에도 연산을 할 수 있는 정수 형태와 실수 형태가 있습니다. 이와 관련한 내용은 다음 장에서 다루겠습니다.

Part 02,

변수와 자료형

/ 학 / 습 / 목 / 표 /

변수와 자료형의 개념을 이해할 수 있다.
변수를 활용하여 프로그램을 작성할 수 있다.
변수의 자료형을 확인할 수 있다.

1. 변수(Variables)

- 변수란
- 변수에 값을 저장하기(대입하기/할당하기)

2. 자료형(Data Type)

- type() 함수를 사용하여 자료형 확인하기
- a와 "a", 9와 "9"의 차이?
- input() 함수를 통해 입력받은 값의 자료형은?

3. 형변환(자료형 바꾸기)

- (문자열을) 정수형으로 바꾸기
- (문자열을) 실수형으로 바꾸기
- 그 밖의 형변환 방법

◇ 변수란

우리는 이미 앞에서 변수를 사용했습니다. 다음 [예제 2-1]은 앞에서 다룬 예제인데요, 여기서 변수는 무엇일까요?

예제 2-1

```
1   a = 9
2   b = input()
3   print(a, b)

10
9 10
```

1행 변수 a에 9를 저장한다.

2행 변수 b에 input() 함수를 통해 입력받은 값을 저장한다.

[예제 2-1]의 설명에서 a, b를 변수라고 하고 있습니다.

a, b가 변수

수치 정보(9)를 저장하거나 사용자로부터 입력받은 데이터(10)를 저장하고, 여기에 a, b라는 이름을 붙인 것을 변수라 하는 것을 알 수 있습니다.

즉, **변수는 어떤 정보를 저장하고, 그것에 이름을 붙인 것입니다.**

◇ 변수에 값을 저장하기(대입하기/할당하기)

파이썬에서 변수를 정의하는 방법은 매우 간단합니다.

변수명 = 변수에 저장할 값

a = 9

'a = 9'와 같이 '=' 기호[6]를 사용하여 값을 할당하기만 하면 변수가 만들어지게 됩니다.

파이썬은 변수에 저장된 값의 형태를 판단하여 스스로 자료형을 알아내므로, C 언어나 JAVA와 같이 변수의 자료형[7]을 미리 선언할 필요가 없습니다.

더 알아보기

C 언어나 JAVA 같은 프로그래밍 언어의 경우 변수를 사용하기 위해서는 다음과 같이 변수에 저장할 데이터의 종류에 따라 변수의 자료형과 이름을 함께 사용하여 선언하는 과정이 필요합니다.

파이썬	C 언어

a = 9
b = a+1
	int[8] a, b;
	a = 9;
	b = a+1;

---

6 '=' 기호는 '같다'라는 의미가 아닙니다! 'assignment' 기호로 '대입하다', '할당하다'의 의미를 갖습니다. 뒷장에서 설명하겠습니다.
7 자료형(Data Type)은 자료의 형태로 정수형, 실수형, 문자형 등이 있습니다.
8 변수 a, b에 저장될 데이터의 종류를 고려하여 변수 a, b를 정수형(integer)으로 선언

다음 예제를 통해 변수에 값을 할당하는 방법을 연습해보세요.

예제 2-2

```
1    a = "Python"
2    b = input()
3    print(a, b)

3
Python 3
```

1행 변수 a에 문자열 "Python"을 저장한다.

2행 변수 b에 사용자로부터 입력받은 값을 저장한다. 예제에서 3을 입력하였다.

3행 변수 a, b에 저장된 값을 출력하여 확인

예제 2-3

```
1    n, m = 7, 11
2    print(n, m)
3    x = y = z = 2
4    print(x, y, z)

7 11
2 2 2
```

1행 변수 n, m에 각각 7과 11을 할당한다. 파이썬의 다중할당 방법으로 변수의 개수와 값의 개수는 같아야 하며, 나열된 순서대로 변수에 값이 할당된다.

2행 변수 n, m에 저장된 값을 출력한다.

3행 변수 x, y, z에 모두 2를 할당한다. 여러 변수에 같은 값을 할당할 때 사용한다.

4행 변수 x, y, z에 저장된 값을 출력하여 확인한다.

- 변수는 대입 연산자('=')를 이용해 값을 할당하면 만들어집니다(a = 5).
- 파이썬은 변수에 저장된 값의 형태를 판단하여 스스로 자료형을 알아내므로 자료형을 미리 선언할 필요가 없습니다.

~~int~~ a = 5

- 여러 개의 변수에 동시에 다중 값을 할당할 수 있습니다. 이때, 변수의 개수와 값의 개수는 같아야 합니다(a, b = 5, 7).
- 여러 개의 변수에 하나의 값을 할당할 수 있습니다(a, b = 7).

변수명 작성 시 주의사항
- 영문자 대소문자를 구분합니다.
- 변수명 첫 글자에 숫자를 사용할 수 없습니다.
- 변수명 사이에 빈칸을 포함할 수 없습니다.
- 언더바(_)를 제외한 특수문자를 사용할 수 없습니다.
- 키워드를 사용할 수 없습니다.

※ 키워드는 'print', 'input'과 같이 파이썬에서 특별한 의미로 사용하기 위해 약속된 단어로 예약어(reserved word)라고도 합니다.

자료형(Data Type)

자료형은 자료의 형태, 다른 말로는 데이터의 종류를 의미합니다.

파이썬에서는 변수에 값을 할당하기만 하면 그 값의 형태를 스스로 판단하여 자료형이 결정됩니다.

◇ type( ) 함수를 사용하여 자료형 확인하기

다음 예제에서 변수에 값을 할당한 후 변수의 자료형을 확인해보겠습니다. 어떤 값이나 변수에 대한 자료형을 확인할 때는 type() 함수를 사용합니다.

예제 2-4

```
1   a = 9
2   print(type(a))
3   print(type(3.14))
4   print(type("hello"))

<class 'int'>
<class 'float'>
<class 'str'>
```

2행 변수 a의 자료형을 확인하기 위해 type() 함수를 사용한다. 출력결과 변수 a에 할당된 값인 9의 자료형은 정수형(integer)임을 알 수 있다.

3행 숫자 3.14의 자료형을 type() 함수를 사용하여 확인한다. 출력결과 3.14의 자료형은 실수(float)임을 알 수 있다.

4행 문자열 "hello"의 자료형을 type() 함수를 사용하여 확인한다. 출력결과 "hello"의 자료형은 문자열(string)임을 알 수 있다.

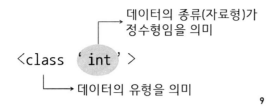

앞으로 자주 등장할 기본 자료형은 다음과 같습니다.

기본 자료형		
자료형	설명	예
int[10]	정수(integer)	9, 1000
float	실수(float-point number)	3.14, 10.00
str	문자열(string)	"hello", "9"

◇ a와 "a", 9와 "9"의 차이?

a와 "a", 9와 "9"의 차이는 무엇일까요? 꼭 말장난같이 보이기도 합니다. 그런데 프로그램을 작성할 때, 숫자형 자료는 따옴표(" ") 없이 사용하고, 문자형 자료는 따옴표(" ")와 함께 사용해야 합니다. 단, 키워드(예약어)와 변수명, 함수명 등은 문자일지라도 따옴표(" ") 없이 사용합니다.

다시 말해 프로그램을 작성할 때, 숫자와 키워드(예약어), 변수명, 함수명 등을 제외한 모든 문자는 따옴표(" ")와 함께 사용해야 합니다.

따라서 a는 변수나 함수의 이름에 해당하고, "a"는 문자열형 자료입니다. 그리고 9는 숫자형 자료이고, "9"는 문자형 자료인 것입니다.

9　파이썬은 파이썬에서 사용되는 모든 것을 객체로 취급합니다(변수 객체, 파일 객체, 모듈 객체 등).

10　파이썬 3에서는 long 형을 따로 두지 않고, 모든 정수는 int 형 하나로 표시합니다.
　　https://www.python.org/dev/peps/pep-0237/

예제 2-5

```
1   a = 10
2   print(a)
3   print("a")

10
a
```

2행 a는 변수명이므로 변수에 저장된 값이 출력된다.

3행 "a"는 따옴표(" ")에 둘러싸여 있어 문자형 자료 "a"를 의미하므로 "a"가 그대로 출력된다. 따옴표(' 또는 " ")로 둘러싸여 있으면 모두 문자열이다.

Point 콕콕

프로그램을 작성할 때,
- 숫자형 자료는 따옴표(" ") 없이 사용합니다.
- 키워드(예약어), 변수명, 함수명은 따옴표(" ") 없이 사용합니다.
- 문자형 자료는 따옴표(" ")와 함께 사용합니다.
- 즉, 프로그램 작성시 숫자, 키워드(예약어), 변수명, 함수명 등을 제외한 모든 자료는 따옴표(" ")로 둘러쌉니다.

더 알아보기

9와 "9"에 대해 더 알고 싶은 분들을 위해

우리는 10진수를 주로 사용하지만, 컴퓨터는 데이터를 이진수로 처리합니다. 숫자 9를 저장할 때 컴퓨터는 이진수 1001_2로 저장하고, 문자를 저장할 때는 아스키코드[11]를 사용하여 저장합니다. 예를 들어 문자 "A"를 저장할 때는 65로, "B"는 66으로 저장하는 식입니다. 문자 "9"에 대한 아스키코드는 57입니다.

그러므로 문자 "9"는 컴퓨터 내부에서 57에 해당하는 이진수 111001_2로 저장되는 것입니다.

우리가 볼 때는 똑같은 9지만 컴퓨터 내부적으로는 다르게 인식합니다. ^^

---

11 아스키코드 표가 궁금하신 분들은 검색엔진에서 찾아보세요~.

10진수	문자	10진수	문자	10진수	문자	10진수	문자
0	NULL	32	SPACE	64	@	96	`
1	SOH	33	!	65	A	97	a
2	STX	34	"	66	B	98	b
3	ETX	35	#	67	C	99	c
4	EOT	36	$	68	D	100	d
5	ENQ	37	%	69	E	101	e
6	ACK	38	&	70	F	102	f

⋮

24	CAN	56	8	88	X	120	x
25	EM	57	9	89	Y	121	y
26	SUB	58	:	90	Z	122	z
27	ESC	59	;	91	[	123	{
28	FS	60	<	92	₩	124		
29	GS	61	=	93	]	125	}
30	RS	62	>	94	^	126	~
31	US	63	?	95	_	127	DEL

아스키(ASCII)코드 표

◇ input( ) 함수를 통해 입력받은 값의 자료형은?

다음 코드의 실행결과는 무엇일까요? 좋아하는 숫자로 9를 입력했습니다.

예제 2-6

```
1   number = input("좋아하는 숫자 : ")
2   print(type(number))
```

좋아하는 숫자 : 9

이 예제는 input() 함수를 통해 입력받은 값을 변수 number에 저장하고, 변수 number의 자료형을 출력하는 프로그램입니다. 출력결과는 무엇일까요? 즉, number 변수의 자료형은 무엇일까요? 숫자 9를 입력했으므로 정수형일까요?

앞에서 input() 함수는 입력되는 모든 것을 ○○○로 취급한다고 했습니다. 이제 좀 기억이 날까요? ^^

그렇습니다. input() 함수는 입력되는 모든 것을 문자열로 취급하므로 이 프로그램의 출력결과 즉, number 변수의 자료형은 'str(문자열형)'입니다.

그럼 다음 프로그램에서 오류가 발생한 원인을 이해할 수 있을 것입니다.

예제 2-7

```
1    number = input("좋아하는 숫자 : ")
2    print(type(number))
3    print(number + 1)

좋아하는 숫자 : 9
<class 'str'>


--------------------------------------------------------------------------
TypeError                                Traceback (most recent call last)
<ipython-input-10-b649a95b6245> in <module>()
      1 number = input ('좋아하는 숫자 : ')
      2 print (type (number ))
----> 3 print (number +1 )

TypeError: must be str, not int
```

문자열과 숫자는 서로 더하기 연산을 할 수 없으므로 오류가 발생하였다.

그렇다면 사용자로부터 입력받은 값은 문자열이므로 사용자로부터 입력받은 값을 활용한 연산은 불가능한 것일까요? 그럴 리는 없겠죠~. 바로 알아보겠습니다.

입력받은 값을 이용하여 연산을 하려면 어떻게 할까요? 바로 다음 장의 형변환! 문자열을 숫자 형태로 변환하는 방법을 사용할 수 있습니다.

형변환(자료형 바꾸기)

◇ **(문자열을) 정수형으로 바꾸기**

사용자가 입력한 값을 정수로 변환하고자 할 때는 int() 함수를 사용합니다. int() 함수는 문자열 형태의 수를 정수 형태로 변환하는 함수입니다.

예제 2-8

```
1   number = input("좋아하는 숫자 : ")
2   print(number, type(number))
3   number = int(number)
4   print(number, type(number))
5   print(number + 1)

좋아하는 숫자 : 9
9 <class 'str'>
9 <class 'int'>
10
```

2행 input() 함수를 통해 입력받은 모든 값은 문자열이므로 number 변수의 자료형은 문자열이다.

3행 int() 함수를 이용하여 number 변수의 자료형을 정수형으로 변환하였다.

4행 3행에서 number 변수의 자료형을 정수형으로 변환하였으므로, type() 함수를 통해 변수 number의 자료형을 확인한 결과 정수형(int)임을 알 수 있다.

5행 number 변수의 자료형은 정수형이므로 더하기(+) 연산이 가능하다.

◇ (문자열을) 실수형으로 바꾸기

```
1   n = input()
2   n = float(n)
3   print(n, type(n))

3.14
3.14 <class 'float'>
```

1행 입력받은 값을 변수 n에 저장, 이때 변수 n의 자료형은 문자열이다.

2행 n의 자료형을 float() 함수를 사용하여 실수형으로 변환한다.

더 알아보기

[예제 2-9]의 1행과 2행의 내용을 다음과 같이 한 줄로 작성할 수 있습니다. 자주 사용하는 방법이니 익혀두세요~.

$$n = float(input())$$

Point 콕콕

- 파이썬에서 input()함수를 통해 입력받은 값의 자료형은 문자열입니다.
- 입력받은 값을 수치 자료로 사용하기 위해서는 형변환을 해야 합니다.
- int(): 정수형으로 변환
- float(): 실수형으로 변환

◇ 그 밖의 형변환 방법

그 밖의 형변환 방법입니다.

형변환 함수	
ord()	문자를 아스키코드 값으로 변환
chr()	아스키코드에 해당하는 문자로 변환
str()	문자열로 변환

예제 2-10

```
1    a = ord("9")
2    b = ord("A")
3    print(a, b)
4    c = chr(65)
5    print(c)
```

```
57 65
A
```

1행 문자형 자료 9를 아스키코드로 변환하여 변수 a에 저장한다. 문자 9의 아스키코드는 57이다.

2행 문자형 자료 A를 아스키코드로 변환하여 변수 b에 저장한다. 문자 A의 아스키코드는 65이다.

4행 아스키코드 65에 해당하는 문자로 변환하여 변수 C에 저장한다.

예제 2-11

```
1    d = str(12345)
2    print(d, type(d))
```

```
12345 <class 'str'>
```

1행 정수형 자료 12345를 문자열형으로 변환하여 변수 d에 저장한다.

2행 변수 d에 저장된 값과 변수 d의 자료형을 출력한다.

Part 03,

기본 연산자

산술 연산자를 활용하여 프로그램을 작성할 수 있다.
대입 연산자를 활용하여 프로그램을 작성할 수 있다.
비교 연산자를 활용하여 프로그램을 작성할 수 있다.
논리 연산자를 활용하여 프로그램을 작성할 수 있다.

1. 산술 연산자
- 산술 연산자의 사용
- 문자열 사이에서 "+"는 붙이기, "*"는 반복

2. 대입(할당) 연산자
- 대입 연산자의 사용
- i = i + 1

3. 비교 연산자
- 비교 연산자의 사용
- "="와 "=="

4. 논리 연산자
- 논리 연산자의 사용

1 산술 연산자

파이썬의 산술 연산자에는 덧셈 연산자(+), 뺄셈 연산자(-), 곱셈 연산자(*), 나눗셈 연산자(/, //), 거듭제곱 연산자(**), 모듈로(%) 연산자가 있습니다.

연산자	설명	예시	결과
+	더한다	3+2	5
-	뺀다	3-2	1
*	곱한다	3*2	6
/	나눈다(결과는 항상 실수)	3/2 4/2	1.5 2.0
//	나눈다(결과는 항상 정수)	3//2	1(나눗셈의 몫)
**	거듭제곱, 같은 수를 여러 번 곱한다	2**3	8(2를 세 번 곱함, 23)
%	나머지를 구한다	3%2	1

◇ 산술 연산자의 사용

다음은 산술 연산자의 사용에 대한 간단한 예제입니다.

예제 3-1

```
1    print("3+2 =", 3+2)
2    print("3-2 =", 3-2)
3    print("3*2 =", 3*2)
4    print("3/2 =", 3/2)
5    print("3//2 =", 3//2)
6    print("3**2 =", 3**2)
7    print("3%2 =", 3%2)


3+2 = 5
3-2 = 1
3*2 = 6
3/2 = 1.5
3//2 = 1
3**2 = 9
3%2 = 1
```

1행 따옴표 안의 문자열 "3+2 ="은 그대로 출력하고, 콤마를 사용하였으므로 띄어쓰기(공백)를 한 후 3과 2의 더하기 연산의 결과인 5가 출력된다.

2행~7행 모두 위의 설명과 동일.

Point 콕콕

자주 사용되는 산술 연산자 중 헷갈리기 쉬운 연산자를 한 번 더 콕콕! 강조합니다. ^^

/	결과는 항상 실수	3/2 4/2	1.5 2.0
//	결과는 항상 정수	3//2	1(나눗셈의 몫)
%	나머지를 구한다	3%2	1

모듈로 연산(Modulo Operation)은 두 수를 나눈 몫을 구하는 것이 아니라, 두 수를 나눈 뒤 나머지를 구하는 연산 방법으로 나머지 연산이라고도 부릅니다.

몫도 아닌 나머지를 왜 굳이 따로 구할까요? 모듈로 연산은 간단하게는 어떤 수가 짝수인지 홀수인지를 판단을 할 때, 그리고 소수(Prime Number)를 판별할 때, 그 밖에도 다양한 문제해결에 사용됩니다. 특히 현대 암호화 알고리즘 분야에서는 소수의 성질을 활용하므로, 모듈로 연산은 보기와 달리(?) 매우 자주 사용되는 연산입니다.

> 나머지 연산이 사용되는 예
> - 짝수: 2로 나누었을 때 나머지가 0이다.
> - 약수: a를 b로 나눈 나머지가 0일 때, b는 a의 약수이다.
> - 소수: 1과 자기 자신만 약수로 갖는다.

◇ 문자열 사이에서 "+"는 붙이기, "*"는 반복

"+"가 문자열과 문자열 사이에서 사용될 경우 서로 옆에 있는 두 개 이상의 문자열이 서로 연결됩니다. 그리고 "*"는 문자열에 사용될 경우 문자열이 지정된 횟수만큼 반복되어 나타나게 됩니다.

예제 3-2

```
1  a = "Hello"
2  b = "World"
3  print(a+b)
4  print(a*3)
```

```
HelloWorld
HelloHelloHello
```

3행 문자열 a, b 사이에서 "+"가 사용되어 두 문자열이 공백 없이 연결됨.

4행 문자열 a가 세 번 반복됨.

Quiz

만약 [예제 3-2]의 3행을 print(a, b)로 수정할 경우 출력은 어떻게 될까요?[12] print(a+b)와 출력이
같은지 직접 실습해보시기 바랍니다.

```
1  a = "Hello"
2  b = "World"
3  print(a, b)
```

---

12 출력결과:
Hello World

대입(할당) 연산자

대입 연산자는 할당 연산자라고도 하며 왼쪽의 변수에 오른쪽의 값을 할당합니다. 프로그래밍에서 값의 할당은 항상 오른쪽의 값을 왼쪽에 대입함으로써 이루어집니다.

$$
\underset{(O)}{a = a + 1}
$$
$$
\underset{(X)}{a + 1 = a}
$$

(a=3, b=2)

연산자	설명	예시	결과
=	오른쪽의 값을 할당	a=b	a=2
+=	오른쪽의 값을 더한 결과를 할당	a+=b	a=a+b, a=5
-=	오른쪽의 값을 뺀 결과를 할당	a-=b	a=a-b, a=1
*=	오른쪽의 값을 곱한 결과를 할당	a*=b	a=a*b, a=6
/=	오른쪽의 값을 나눈(실수) 결과를 할당	a/=b	a=a/b, a=1.5
//=	오른쪽의 값을 나눈(정수) 결과를 할당	a//=b	a=a//b, a=1
**=	오른쪽의 값을 거듭제곱한 결과를 할당	a**=b	a=a**b, a=9
%=	오른쪽의 값과 나눈 나머지를 할당	a%=b	a=a%b, a=1

다양한 할당 연산자가 있지만 가장 중요한 점은 **오른쪽의 값이 왼쪽으로 할당**이 이루어진다는 점입니다. 애써 외우려고 하지 말고, 이런 것도 있구나 하고 알아두고, 필요할 때 찾아봅시다! ^^

◇ 대입 연산자의 사용

다음 [예제 3-3]부터 [예제 3-10]은 대입 연산자의 사용에 대한 간단한 예제입니다.

예제 3-3

```
1   a, b = 3, 2
2   a = b
3   print(a, b)
```

2 2

1행 a=3, b=2를 할당한다.

2행 오른쪽의 값, 변수 b의 값인 2를 변수 a에 할당한다.

예제 3-4

```
1   a, b = 3, 2
2   a += b
3   print(a, b)
```

5 2

2행 a += b는 a = a+b와 같다.

예제 3-5

```
1   a, b = 3, 2
2   a -= b
3   print(a, b)
```

1 2

2행 a -= b는 a = a-b와 같다.

예제 3-6

```
1  a, b = 3, 2
2  a *= b
3  print(a, b)
```

6 2

2행 a *= b는 a = a*b와 같다.

예제 3-7

```
1  a, b = 3, 2
2  a /= b
3  print(a, b)
```

1.5 2

2행 a /= b는 a = a/b와 같다.

예제 3-8

```
1  a, b = 3, 2
2  a //= b
3  print(a, b)
```

1 2

2행 a //= b는 a = a//b와 같다.

예제 3-9

```
1  a, b = 3, 2
2  a **= b
3  print(a, b)
```

9 2

2행 a **= b는 a = a**b와 같다.

예제 3-10

```
1   a, b = 3, 2
2   a %= b
3   print(a, b)

    1 2
```

2행 a %= b는 a = a%b와 같다.

Point 콕콕

- 왼쪽의 변수에 오른쪽의 값을 할당!
- 프로그래밍에서 값의 할당은 항상 오른쪽의 값을 왼쪽에 대입함으로써 이루어집니다.

(O)

$a = a + 1$

$a + 1 = a$

(X)

◇ i = i + 1

i=i+1은 수학에서는 성립하지 않지만, 프로그래밍에서는 올바른 문장입니다. 그래서 프로그래밍을 처음 접한 학생들이 많이 헷갈리는 부분인데요, 금방 익숙해지실 것입니다.

프로그래밍에서 "="는 대입 연산자이므로, i=i+1은 우항의 값을 좌항에 대입(할당)하는 명령문입니다. 연산의 결과 변수 i의 값은 1만큼 증가하게 됩니다.

이때, 꼭 기억해야 할 것이 있습니다. i=i+1 명령문 전에 변수 i의 값이 먼저 할당되어야 한다는 점입니다. i=i+1은 변수 i를 1만큼 증가시키는 것이므로, 변수 i 값이 먼저 필요하다고 생각하면 조금 더 이해하기 쉽겠죠?

다음 [예제 3-11]과 [예제 3-12]는 i=i+1 명령문 전에 변수 i의 값이 먼저 할당되어야 한다는 점을 강조하기 위한 예제입니다.

```
1   i = i +1
2   print(i)
```

```
TypeError                               Traceback (most recent call last)
<ipython-input-1-83047ca8a906> in <module>()
-----> 1 i = i +1
       2 print (i)

NameError: name 'i' is not defined
```

1행 변수 i의 값을 1 증가

오류 메시지

    -----> 1 i = i +1   1행에 오류가 있음

    NameError: name 'i' is not defined   변수 i가 정의되지 않았음

```
1   i = 9
2   i = i +1
3   print(i)

    10
```

1행 변수 i에 9를 할당

2행 변수 i의 값을 1 증가

더 알아보기

i=i+1은 프로그램을 작성할 때 굉장히 많이 사용하는 문장입니다.

어떤 경우에 사용할 수 있을까요?

바로 **카운트**입니다.

게시판을 클릭할 때마다 조회수가 올라가죠?

좋아요를 누를 때마다 횟수가 증가하죠?

또는 어떤 숫자들의 목록에서 짝수가 몇 개인지 개수를 셀 때 등!

굉장히 많이 사용되는 구문이니 잘 기억하시기 바랍니다. ^^

비교 연산자

관계 연산자라고도 하며 두 수의 값을 비교할 때 사용합니다. 두 수의 값을 비교한 결과는 항상 참(True) 또는 거짓(False)입니다.

(a=3, b=2)

연산자	설명	예시	결과
>	보다 크다	a>b	True
>=	보다 크거나 같다	a>=b	True
<	보다 작다	a<b	False
<=	보다 작거나 같다	a<=b	False
==	같다	a==b	False
!=	다르다	a!=b	True

◇ 비교 연산자의 사용

다음 예제는 비교 연산자의 사용에 대한 간단한 예제입니다.

<table>
<tr><td align="center">예제 3-13</td></tr>
</table>

```
1   a, b = 3, 2
2   print("a>b", a>b)
3   print("a>=b", a>=b)
4   print("a<b", a<b)
5   print("a<=b", a<b)
6   print("a==b", a==b)
7   print("a!=b", a!=b)

a>b True
a>=b True
a<b False
a<=b False
a==b False
a!=b True
```

2행 따옴표 안의 문자열 "a>b"는 그대로 출력되고, 콤마를 사용하였으므로 띄어쓰기(공백)를 한 후, a와 b의 비교 연산의 결과인 True가 출력된다.

3행~7행도 위와 동일

◇ "="와 "=="

프로그래밍을 시작한 지 얼마 안 된 학생들이 가장 많이 하는 실수 중 하나가 "="와 "==" 연산자를 구분하지 못하는 것입니다.

a=9: 변수 a에 9를 대입(할당)하는 문장입니다.

a==9: 변수 a의 값과 9가 같은지 비교 연산하는 문장으로 비교 결과에 따라 True 또는 False를 반환합니다.

```
1    a = 9
2    print(a == 9)
```

True

1행 변수 a에 9를 할당

2행 변수 a와 9를 비교 연산한 결과를 출력

Point 콕콕

- "="는 대입(할당) 연산자
- "=="는 비교 연산자

더 알아보기

[예제 3-15]는 비교 연산자가 프로그램에서 어떻게 활용되는지 보여주기 위해, 아직 학습하지 않은 if문을 활용한 프로그램을 미리 보여주고 있습니다.

파이썬의 코드는 읽기 쉬운 편이라 어렵지 않게 이해하실 수 있을 것입니다.

예제 3-15

```
1    number = 7
2    if number%2 == 0 : print("짝수")
3    else : print("홀수")
```

홀수

1행 변수 number에 7을 대입

2행 변수 number를 2로 나눈 나머지가 0이면 "짝수"를 출력한다. number%2 연산 결과가 0과 같은지 비교하여, 비교 결과가 참인지 거짓인지에 따라 다른 출력을 하도록 한다.

3행 아니면(위 if문에서 사용된 조건식이 거짓이면) "홀수"를 출력한다.

다음 프로그램의 출력은 무엇일까요?[13]

```
1   score = 85
2   if score >= 80 : print("합격")
3   else : print("불합격")
```

논리 연산자

논리 연산자는 여러 조건을 함께 검사할 때 사용하는 연산자로, and 연산자, or 연산자, not 연산자가 있습니다. 논리 연산의 결과도 비교 연산과 마찬가지도 항상 참(True) 또는 거짓(False)입니다. 매우 당연해 보이지만 문제 상황에서 놓치기 쉬운 부분이기도 하므로 다시 강조합니다.

비교 연산과 논리 연산의 결과는 항상 참(True) 또는 거짓(False)이다.

(x=True, y=False)

연산자	설명	예시	결과
and	모두 참이면 참이다.	x and y	False
or	하나라도 참이면 참이다	x or y	True
not	참이면 거짓이고, 거짓이면 참이다.	not x	False

◇ 논리 연산자의 사용

다음 예제는 논리 연산자의 사용에 대한 간단한 예제입니다.

예제 3-16

```
1   a, b, c = 3, 2, 9
2   print(a>1 and b>c)
3   print(a>1 or b>c)
4   print(not a>b)
```

```
False
True
False
```

1행 다중할당 방식을 사용하여 a=3, b=2, c=9를 할당한다.

2행 a>1의 결과는 True이다(비교 연산의 결과는 참 또는 거짓이다). 그리고 b>c의 결과는 False이다. and 연산은 모두 참일 때만 결과가 참이므로 False가 출력된다.

3행 or 연산은 하나라도 참이면 결과가 참이므로 True가 출력된다.

4행 부정 연산을 수행하므로 False가 출력된다.

a>1을 x로, b>c를 y로 치환해보세요. 그럼 예제 프로그램이 x and y, x or y와 같은 코드가 됩니다. ^^

$$a, b, c = 3, 2, 9$$

$$\underset{x}{a>1} \text{ and } \underset{y}{b>c}$$

Part 04.

숫자 데이터와 문자 데이터

| 학 / 습 / 목 / 표 |

숫자 데이터와 문자 데이터를 구분할 수 있다.
숫자 데이터를 활용하여 프로그램을 작성할 수 있다.
문자 데이터를 활용하여 프로그램을 작성할 수 있다.

1 숫자 데이터

숫자(Numbers) 데이터형은 말 그대로 숫자 형태의 자료형으로, 정수를 표현하기 위한 정수형(int)과 소수점이 있는 숫자를 표현하기 위한 실수형(float)이 있습니다.

파이썬은 변수에 값을 할당하기만 하면 그 값의 형태를 스스로 판단하여 자료형이 결정됩니다.

이 점은 프로그래밍을 처음 시작하는 사람들이 다른 프로그래밍 언어보다 파이썬을 좀 더 쉽게 시작할 수 있도록 하는 요소 중 하나입니다.

> ## 더 알아보기
>
> 파이썬에서 1은 정수형(int)이고, 1.0은 실수형(float)이다.
> 이 두 숫자는 컴퓨터 내부에서 다르게 저장된다.
>
> ### 예제 4-1
>
> ```
> 1    print(type(1))
> 2    print(type(1.0))
> ```
>
> ```
> <class 'int'>
> <class 'float'>
> ```
>
> 어렵게 생각하지 말고, 소수점이 있는 숫자의 자료형은 실수형이라고 기억!

◇ 사칙연산 프로그램

입력받은 두 정수에 대해 사칙연산을 수행하는 프로그램을 작성하세요.

입력 예시	출력 예시
3 2	3 + 2 = 5 3 - 2 = 1 3 * 2 = 6 3 / 2 = 1.5

예제 4-2

```
1    n = int(input())
2    m = int(input())
3    print(n, "+", m, "=", n + m)
4    print(n, "-", m, "=", n -m)
5    print(n, "*", m, "=", n * m)
6    print(n, "/", m, "=", n / m)


3
2
3 + 2 = 5
3 - 2 = 1
3 * 2 = 6
3 / 2 = 1.5
```

1행~2행 입력받은 값을 정수 형태로 변환하고, 변수 n, m에 저장한다.

3행~6행 n, m에 대해 사칙연산을 수행하고 그 결과를 출력 예시에 맞춰 출력한다. 이때 주의할 점은 연산자 '/'와 '//'의 차이를 구분하여 작성하는 것이다. '/'는 나눗셈 연산 후 실수를 반환하고, '//'는 나눗셈 연산 후 정수를 반환, 즉 나눗셈의 몫을 출력한다.

- 파이썬은 변수에 값을 할당하기만 하면 그 값의 형태를 스스로 판단하여 자료형을 결정
- 파이썬에서 1은 정수형(int)이고, 1.0은 실수형(float)으로 이 두 숫자는 컴퓨터 내부에서 다르게 저장됩니다.

◇ 소수점 이하 n번째 자리까지 출력하기

변수에 저장된 값을 출력할 때, 형식을 지정하여 출력하는 방법입니다.

변수의 값을 형식을 지정하여 출력	
print("%d" %n)	변수 n의 값을 10진수 형식으로 출력, d는 decimal(십진의)을 의미
print("%f" %f)	변수 f의 값을 실수 형식으로 출력
print("%.2f" %f)	변수 f의 값을 소수점 이하 셋째 자리에서 반올림하여 둘째 자리까지 출력

예제 4-3

```
1   n = 3
2   f = 80.716
3   print("%d" %n)
4   print("%f" %n)
5   print("%d" %f)
6   print("%.2f" %f)


3
3.000000
80
80.72
```

3행 변수 n의 값을 10진수 형식으로 출력한다.

4행 변수 n의 값을 실수 형식(기본 소수점 6자리)으로 출력한다.

5행 변수 f의 값을 10진수 형식으로 출력한다. 소수점 버림.

6행 변수 f의 값을 실수 형식으로 출력하는데 소수점 이하 셋째 자리에서 반올림하여 둘째 자리까지 출력한다.

round() 함수를 이용한 반올림

round() 함수를 사용하는 기본 형식은 다음과 같습니다.

round(숫자[, 자릿수])

round(0.78135, 2)

round() 함수는 숫자를 자릿수까지 표현하는 함수로 [, 자릿수] 생략 가능합니다. [, 자릿수]를 생략할 경우 소수점 이하 첫 번째 자리에서 반올림합니다.

예제 4-4

```
1    a = 80.716
2    print(round(a))
3    print(round(a, 2))
4    print(int(a))


81
80.72
80
```

2행 round() 함수를 사용하여 소수점 이하 첫 번째 자리에서 반올림한다. 자릿수를 생략할 경우 소수점 이하 첫 번째 자리에서 반올림한다.

3행 round() 함수를 사용하여 소수점 이하 세 번째 자리에서 반올림하여 소수점 둘째 자리까지 표현한다.

4행 int() 함수를 사용하여 소수점 이하 버림하고 정수 형태로 표현한다. round() 함수는 소수점 이하의 자리에 대해 반올림하는 것이고 int() 함수는 소수점 이하는 버리는 것으로, 두 함수에 차이가 있음을 확인해보자.

위에서 살펴본 것과 같이 소수점 이하의 숫자를 n번째 자리까지 표현하는 방법은 여러 가지가 있습니다. 상황에 맞게 사용하시고, 절대 머리 아프게 외우려 하지 마시길 바랍니다. 소수점 이하 표현 방법이 필요할 때, 해당 내용을 찾아 참고하시면 됩니다.

Point 콕콕

- print("%d" %n): 변수 n의 값을 10진수 형식으로 출력
- print("%f" %f): 변수 f의 값을 실수 형식으로 출력
- print("%.2f" %f): 변수 f의 값을 소수점 이하 셋째 자리에서 반올림하여 둘째 자리까지 출력

문자 데이터

2

파이썬에서 문자 형태의 데이터를 위한 자료형은 문자열입니다.

문자열은 문자들의 집합을 의미하며, 문자들이 연속되어 실로 꿰어진 모양으로 나열되어 있다고 하여 String(문자열)이라고 합니다. 단일 따옴표(' ') 또는 이중 따옴표(" ")의 쌍으로 둘러싸여 있으면 모두 문자열로 구분됩니다.

앞서 「Part 01. 출력과 입력」에서 살펴보았던 내용입니다만 다시 한번 강조합니다.

문자열(String)은 프로그래밍에서 사용되는 용어로 연속적인 문자를 의미하며, 작은따옴표(' ')나 큰따옴표(" ")의 쌍으로 둘러싸여 있습니다. C와 같은 다른 프로그래밍 언어에서는 문자와 문자열을 구분하므로 문자는 작은따옴표를 사용하고, 문자열은 큰따옴표를 사용하지만 파이썬은 문자와 문자열을 동일하게 취급합니다. 그러므로 파이썬 프로그램을 작성할 때 **문자열에 작은따옴표나 큰따옴표 중 어떤 것이든 사용**할 수 있으나, 다른 프로그래밍 언어로 변환할 경우를 고려하여 큰따옴표를 이용하는 경우가 많다고 합니다. 하지만 이것도 관습이기 때문에 자신이 편한 방법을 이용하세요.

이를 바탕으로 앞의 「Part 02. 변수와 자료형」에서 **a와 "a"의 차이, 9와 "9"의 차이**를 알아보았습니다. 따옴표(' ' 또는 " ")로 둘러싸여 있으면 모두 문자열입니다.

출력결과가 같은 것끼리 묶으세요.[14]

```
1   a = 10
2   print(type(a))          #①
3   print(type("a"))        #②
4   print(type(9))          #③
5   print(type("9"))        #④
```

14 출력결과:
    <class 'int'>
    <class 'str'>
    <class 'int'>
    <class 'str'>
    ①, ③의 출력이 같고, ②, ④의 출력이 같다.

2-(1) 문자열 인덱싱

인덱싱(indexing)이란 특정 위치를 가리켜 색인이 가능하게 하는 것을 의미합니다. 예를 들어 특정 문자열에서 세 번째 위치의 문자가 무엇인지를 알아내고자 할 때, 문자열의 세 번째 위치에 대한 인덱싱이 가능하면 알아낼 수 있겠지요?

파이썬에서는 다음과 같이 문자열의 각 자리(위치) 번호를 통해 인덱싱이 가능하도록 합니다.

문자열[인덱스 번호]
----
s[2]

여기서 주의할 것은, 인덱스는 0번부터 시작한다는 것입니다.

그리고 음수 인덱스는 -1부터 시작하고 오른쪽에서부터 계산합니다.

인덱스	0	1	2	3	4	5	6	7	8	9	10
문자열	H	e	l	l	o		W	o	r	l	d
(음수) 인덱스	-11	-10	-9	-8	-7	-6	-5	-4	-3	-2	-1

◇ 인덱스는 0번부터 시작

예제 4-5

```
1   a = "Hello World"
2   print(a)
3   print(a[1])
4   print(type(a[1]))

Hello World
e
<class 'str'>
```

1행 변수 a에 문자열 "Hello World"를 대입한다.

2행 변수 a에 저장된 값을 출력한다.

3행 변수 a에 저장된 값, "Hello World"에서 인덱스 1번에 저장된 값을 출력한다. 인덱스는 0번부터 시작되므로 두 번째 문자인 e가 출력된다.

4행 변수 a의 1번 인덱스에 저장된 문자("e")의 자료형을 출력한다.

◇ 음수 인덱스는 -1번부터 시작

예제 4-6

```
1   a = "Hello World"
2   print(a[-1])
3   print(a[-3])

d
r
```

2행 음수 인덱싱은 -1번부터 시작하고 오른쪽부터 계산하므로 문자열의 마지막 문자인 "d"가 출력된다.

3행 뒤에서 세 번째 문자인 "r"이 출력된다.

◇ 공백도 문자!

예제 4-7

```
1    a = "Hello World"
2    print(a[4], a[5], a[6])

o  W
```

2행 문자열 a에서 인덱스 4번, 5번, 6번에 해당하는 문자열 출력, 인덱스 5번의 문자는 공백이다.

앞서 컴퓨터는 숫자는 이진수로, 문자는 아스키코드로 저장한다고 했는데 기억하시나요? 「Part 02. 변수와 자료형」을 다시 살펴봐주세요. 공백도 문자에 해당하고 아스키코드가 부여되어 있습니다. 다음 아스키코드 표에서 공백에 부여된 아스키코드는 몇 번인지 찾아볼까요?

공백이 SPACE라는 이름으로 구분되어 있네요~.

10진수	문자	10진수	문자	10진수	문자	10진수	문자
0	NULL	32	SPACE	64	@	96	`
1	SOH	33	!	65	A	97	a
2	STX	34	"	66	B	98	b
3	ETX	35	#	67	C	99	c
4	EOT	36	$	68	D	100	d
5	ENQ	37	%	69	E	101	e
6	ACK	38	&	70	F	102	f

⋮

24	CAN	56	8	88	X	120	x
25	EM	57	9	89	Y	121	y
26	SUB	58	:	90	Z	122	z
27	ESC	59	;	91	[	123	{
28	FS	60	<	92	₩	124		
29	GS	61	=	93	]	125	}
30	RS	62	>	94	^	126	~
31	US	63	?	95	_	127	DEL

아스키(ASCII)코드 표

Point 콕콕

- 파이썬에서 문자열은 단일 따옴표(' ') 또는 이중 따옴표(" ")의 쌍으로 둘러싸여 있습니다.
- 문자열 인덱스는 0번부터 시작합니다.
- 음수 인덱스는 -1부터 시작하고 오른쪽에서부터 계산합니다.
- 공백도 문자입니다.

2-(2) 문자열 슬라이싱

파이썬은 문자열 슬라이싱(Slicing)이 가능합니다. 문자열 인덱싱이 특정 문자 한 개를 가져올 수 있다면, 슬라이싱은 문자열의 인덱스를 이용해 부분 문자열(연속된 문자 여러 개)을 가져올 수 있습니다.

문자열을 슬라이싱하는 방법은 다음과 같습니다.

문자열[시작번호 : 끝번호]

s[1:5]

시작번호부터 끝번호 전의 인덱스에 해당하는 문자열을 잘라 추출할 수 있습니다. **여기서 중요한 것! 시작은 항상 포함, 끝은 항상 제외됩니다.**

따라서 "시작번호" 위치부터 "끝번호-1"번째 위치까지의 부분 문자열을 가져옵니다.

예제 4-8

```
1  a = "Hello World"
2  print(a[1:4])
3  print(a[1:])
4  print(a[:4])
5  print(a[-5:-1])
```

```
ell
ello World
Hell
Worl
```

2행 문자열 a의 1번 위치부터 3번 위치(끝번호인 4번 인덱스는 제외)의 부분 문자열을 추출한다.

3행 문자열 a의 1번 위치부터 끝까지의 부분 문자열을 추출한다. 끝번호를 생략할 경우 문자열 끝까지를 의미한다.

4행 문자열 a의 처음 위치부터 3번 위치까지의 부분 문자열을 추출한다. 시작번호를 생략할 경우 처음 위치부터를 의미한다.

5행 문자열 a의 뒤에서 5번째 위치부터 뒤에서 두 번째 위치(끝번호인 -1번째 인덱스는 제외)까지의 문자열을 추출한다.

- 문자열 인덱싱은 특정 문자 한 개를 가져오고, 문자열 슬라이싱은 부분 문자열(연속된 문자 여러 개) 을 가져올 수 있습니다.
- 문자열[시작번호 : 끝번호]
- 시작번호부터 끝번호 전의 인덱스에 해당하는 문자열을 잘라 추출합니다.
- 주의! 시작은 항상 포함, 끝은 항상 제외됩니다.

2-(3) 문자열 함수

문자 데이터를 처리하기 위한 함수들 중 자주 사용되는 함수들을 간단히 살펴보겠습니다.

◇ 문자열 길이 구하기

예제 4-9

```
1   a = "Hello World"
2   b = len(a)
3   print(b)

11
```

2행 len(a)는 변수 a에 저장된 문자열 길이를 반환한다.

◇ 문자열 검색: (문자열에서) 특정 문자의 위치 구하기

예제 4-10

```
1   a = "Hello World"
2   b = a.find("o")
3   print(b)

4
```

2행 변수 a에 저장된 문자열에서 "o"의 인덱스를 반환한다. 이때 "o"가 처음으로 나온 위치의 인덱스!

인덱싱은 몇 번부터 시작한다고 했죠? ^^

문자열의 인덱싱은 0번부터 시작하므로 숫자 4가 출력되었습니다.

다음 예제를 통해 다시 확인해볼게요.

예제 4-11

```
1   a = "Hello World"
2   print(a[4])

o
```

2행 변수 a에 저장된 문자열의 4번 인덱스의 값을 출력한다.

◇ 문자열에서 특정 문자의 개수 구하기

예제 4-12

```
1   a = "Hello World"
2   b = a.count("o")
3   print(b)

2
```

2행 변수 a에 저장된 문자열에서 "o"의 개수를 반환한다.

◇ 문자열 치환: (문자열에서) 특정 문자를 다른 문자로 바꾸기

문자열 사이의 공백을 콤마로 변경해보겠습니다.

콤마를 띄어쓰기로, 공백을 없애기 등에 활용할 수 있습니다.

예제 4-13

```
1   a = "Hello World"
2   b = a.replace(" ", ",")
3   print(b)
```

```
Hello,World
```

2행 변수 a에 저장된 문자열에서 " "(공백)을 ","(콤마)로 바꾼다.

공백도 문자였던 거 기억하시죠?

공백(space)의 아스키코드는 몇 번이었는지 다시 찾아볼까요? ^^

◇ 대문자 ↔ 소문자

예제 4-14

```
1   a = "Hello World"
2   b = a.upper()
3   print(b)
4   c = a.lower()
5   print(c)
6   d = a.swapcase()
7   print(d)
```

```
HELLO WORLD
hello world
hELLO wORLD
```

2행 변수 a에 저장된 문자열을 모두 대문자로 바꾼다.

4행 변수 a에 저장된 문자열을 모두 소문자로 바꾼다.

6행 변수 a에 저장된 문자열에서 대문자는 소문자로, 소문자는 대문자로 바꾼다.

◇ 문자열 분할: "Hello World"를 "Hello"와 "World"로 나누기

<table>
<tr><td align="center">예제 4-15</td></tr>
</table>

```
1   a = "Hello World"
2   b = a.split()
3   print(b)
4   print(type(b))

['Hello', 'World']
<class 'list'>
```

2행 변수 a에 저장된 문자열을 공백을 기준으로 분할하고, 각 값을 리스트로 묶어 반환한다. 대괄호([ ])는 리스트 자료형을 의미한다.

리스트는 파이썬에서 사용하는 자료형의 하나로, 한 개 이상의 데이터를 순서대로 저장하고 이를 관리할 때 사용합니다. 리스트는 다음 파트에서 다룹니다~.

리스트가 갑자기 등장하여 조금 어려운 분들을 위해 [예제 4-15]를 조금 더 설명해보겠습니다.

[예제 4-15]에서 문자열 "Hello World"는 split() 함수를 통해 공백을 기준으로 분할되어 "Hello"와 "World"로 분할되었고, 이 두 개의 데이터를 하나의 변수 b에 저장하였습니다.

한 개 이상의 데이터를 저장하기 위해서, 다시 말해 여러 개의 데이터를 저장하기 위해서 변수 b가 리스트 형태를 갖는 것이라고 이해해볼까요?

다음 예제 4-16과 비교해서 살펴보세요.

```
1    a = input()
2    print(a)
3    n, m = input().split()
4    print(n)
5    print(m)
6    print(type(m))
```

```
1 2                 ← 1행 입력
1 2                 ← 2행 출력
3 4                 ← 3행 입력
3                   ← 4행 출력
4                   ← 5행 출력
<class 'str'>       ← 6행 출력
```

1행~2행 입력값 "1 2"를 그대로 출력한다.

3행 입력값 "1 2"를 공백을 기준으로 분할하고, 각 값을 n, m에 저장한다.

[예제 4-16]은 [예제 4-15]와 달리 왜 출력이 리스트가 아닐까요?

3행을 살펴봅시다. 입력값 문자열 "1 2"는 공백을 기준으로 분할되어 "1"과 "2"로 분할됩니다. 그런데 여기서 [예제 4-15]와 차이점이 있죠. **분할된 데이터를 받는 변수가 n과 m으로 두 개**입니다. 만약 n=input().split()과 같은 문장이었다면 n은 리스트 형태를 가졌을 것입니다.

split() 함수에 의해 분할된 데이터의 수와 같은 개수의 변수가 있을 경우 각 데이터는 각각의 변수에 대입되므로 리스트 형태가 아닌 것입니다.

다음 장에서 좀 더 살펴보시면 어렵지 않게 이해하실 수 있어요~.

a="Hello World"

함수	반환값
len(a)	11
a.count("l")	3
a.find("l")	2
a.replace(" ","")	HelloWorld
a.upper()	HELLO WORLD
a.split()	["Hello", "World"]

Part 05.

리스트(List)

1 리스트?

파이썬에서 리스트는 한 개 이상의 데이터를 그룹화하는 데 사용되는 자료형입니다. 리스트를 사용하여 여러 데이터들을 순서대로 저장하고 관리할 수 있습니다.

여러 데이터를 그룹화한다는 것은 무슨 의미이고 어떤 경우에 필요할까요?

프로그래밍을 처음 접하신 분들에게는 리스트가 얼마나 프로그래밍을 편리하게 해주는 자료형인지 아직 와닿지 않으실 것 같아요. 어렵지 않으니 찬찬히 살펴보겠습니다.

앞서 다룬 내용에서는 하나의 변수에 한 개의 값만 저장했습니다.

변수 a에 국어 점수를, 변수 b에 수학 점수를 입력받아 평균을 구하는 프로그램을 작성할 때, 변수 a, b는 국어 점수와 수학 점수 각각 1개의 값만을 저장하는 데 사용됩니다.

```
a = float(input())
b = float(input())
avg = (a+b)/2
```

그런데 다음과 같은 프로그램을 작성해야 하는 경우를 생각해볼게요.

"학생 30명의 국어 점수와 수학 점수를 입력받아 각 과목의 평균을 구하는 프로그램"

학생 30명의 국어 점수를 어떻게 저장할 수 있을까요?

30개의 변수에 각 학생의 국어 점수를 저장할까요? 그리고 학생 30명의 수학 점수도 30개의 변수에 각각 저장해야 할까요?

뭔가 굉장히 비효율적으로 문제를 해결하는 것 같죠? 프로그램이 처리하는 데이터가 30명이 최대인 것은 아닐 테고, 훨씬 더 많은 데이터를 처리해야 할 경우에는 또 어떻게 해야 하는지…

이런 경우에 다음과 같이 리스트를 사용하여 30명의 점수 데이터를 묶어 순서대로 저장하고 관리할 수 있습니다.

```
kor = [점수1, 점수2, 점수3…]
math = [점수1, 점수2, 점수3…]
```

변수 kor에 학생 30명의 국어 점수를 저장하고, 변수 math에 학생 30명의 수학 점수를 저장하기 위해 리스트를 사용한 것입니다.

"리스트는 한 개 이상의 데이터를 순서대로 저장하고
이를 관리할 때 사용하는 자료형"

리스트 만들기

2

파이썬에서 리스트를 만드는 방법입니다.

리스트명 = [항목1, 항목2, 항목3···]

a = [1 , 2 , "a", "b", [5, 9]]

리스트는 대괄호([])를 사용하여 리스트 내의 항목들을 감싸고, 리스트 내의 항목들은 쉼표(,)로 구분합니다.

파이썬의 리스트는 문자열, 정수, 실수, 리스트 등 모든 자료형을 포함할 수 있습니다. 이때, 하나의 리스트에 서로 다른 자료형을 함께 포함할 수 있습니다.

◇ 빈 리스트 만들기

비어 있는 리스트를 만드는 방법은 [예제 5-1]과 같습니다.

<table>
<tr><td align="center">예제 5-1</td></tr>
</table>

```
1   a = []
2   print(a)
3   b = list()
4   print(b)

[]
[]
```

1행 비어 있는 리스트 a를 만든다.

2행 변수 a에 저장된 데이터를 출력한다. 비어 있는 리스트 형태(대괄호, [])로 출력된다.

3행 비어 있는 리스트 b를 만든다.

4행 변수 b에 저장된 데이터를 출력한다. 비어 있는 리스트 형태(대괄호, [])로 출력된다.

[예제 5-1]에서 사용된 list() 함수는 다른 자료형을 리스트형으로 변환할 때에도 사용되므로 함께 기억해두세요~.

list() 함수: 리스트형으로 변환

◇ 서로 다른 자료형을 함께 포함하는 리스트

[예제 5-2]는 파이썬의 리스트는 항목으로 서로 다른 자료형을 함께 포함할 수 있음을 보여주는 예제입니다.

<table>
<tr><td>예제 5-2</td></tr>
</table>

```
1   a = [1, 2, "a", "b", [5, 9]]
2   print(a)
3   print(type(a))

[1, 2, 'a', 'b', [5, 9]]
<class 'list'>
```

1행 숫자형 데이터 1, 2, 문자형 데이터 "a", "b", 그리고 리스트형 데이터 [5, 이를 항목으로 갖는 리스트 a를 생성한다.

2행 변수 a에 저장된 데이터를 출력한다. 리스트 형태(대괄호, [])로 출력된다.

3행 변수 a의 자료형을 확인한다.

더 알아보기

파이썬에서 리스트의 특징

- 리스트는 하나 이상의 데이터를 저장하고, 인덱스를 사용해서 각 항목에 접근할 수 있다는 점에서 다른 프로그래밍 언어의 배열과 유사합니다.
- 리스트의 항목으로 서로 다른 자료형을 함께 사용할 수 있습니다.
- 리스트는 존재하지 않는 데이터 항목에 접근할 수 없습니다(중요!).
- For 문을 이용하여 리스트를 나열할 경우 리스트의 크기에 상관없이 모든 리스트 데이터를 나열할 때까지 루프가 반복됩니다. 파이썬에서 리스트의 이러한 특징으로 인해 다른 프로그래밍 언어에서 자주 발생하는 인덱스 오류(인덱스를 잘못 사용해서 하나 더 나열하거나 하나를 빼먹는 실수)를 피할 수 있습니다.

리스트 인덱싱과 슬라이싱

인덱싱은 리스트에 있는 데이터에 하나씩 접근할 때 사용하고, 슬라이싱은 리스트에 있는 여러 개의 데이터에 동시에 접근할 때 사용합니다.

앞서 「Part 04. 숫자 데이터와 문자 데이터」에서 다룬 인덱싱과 슬라이싱은 리스트에서도 동일하게 사용됩니다.

인덱싱(indexing)이란 특정 위치를 가리켜 색인이 가능하게 하는 것을 의미합니다. 예를 들어 리스트에서 세 번째 위치의 요소가 무엇인지를 알아낼 때 리스트의 세 번째 위치에 대한 인덱싱을 통해 접근합니다.

인덱싱이 리스트의 특정 요소 한 개를 가져올 수 있다면, 슬라이싱은 인덱스를 이용해 부분 리스트를 가져올 수 있습니다.

◇ 리스트 인덱싱

파이썬에서 리스트의 특정 항목을 인덱싱하는 방법은 다음과 같습니다.

리스트[인덱스 번호]

a[2]

인덱스는 0번부터 시작합니다.

그리고 음수 인덱스는 -1부터 시작하고 오른쪽에서부터 계산합니다.

a = [1, 2, "a", "b", [5, 9]]

인덱스	0	1	2	3	4
a	**1**	**2**	"a"	"b"	[5, 9]
(음수) 인덱스	-5	-4	-3	-2	-1

예제 5-3

```
1   a = [1, 2, 'a', 'b', [5, 9]]
2   print(a[1])
3   print(a[0]+a[1])
4   print(a[2])
5   print(a[2]+a[3])
6   print(a[4])
7   print(a[-1])


2
3
a
ab
[5, 9]
[5, 9]
```

2행 리스트 a에서 인덱스 1번이 가리키는 데이터를 출력한다. 인덱스는 0번부터 시작하므로 두 번째 데이터가 출력된다.

3행 리스트 a의 0번 인덱스의 데이터(1)와 1번 인덱스의 데이터(2)를 더한 결과를 출력한다.

4행 리스트 a에서 인덱스 2번이 가리키는 데이터를 출력한다.

5행 리스트 a의 2번 인덱스의 데이터(a)와 3번 인덱스의 데이터(b)를 더하기 연산한 결과를 출력한다. 더하기 연산은 문자열 사이에서 사용될 경우 문자열들을 연결한다.

6행 리스트 a에서 인덱스 4번이 가리키는 데이터를 출력한다.

7행 음수 인덱싱은 -1번부터 시작하고 오른쪽부터 계산하므로 리스트의 마지막 요소를 출력한다.

◇ 리스트 안의 리스트 인덱싱

[예제 5-3]을 조금 더 살펴보겠습니다. [예제 5-3]의 6행은 리스트 a의 항목 중 하나인 리스트를 인덱싱하기 위한 코드입니다.

다음과 같이 리스트 a의 4번 인덱스 항목인 [5, 9]를 인덱싱하기 위해 a[4]를 사용하였습니다.

$$a = [1, 2, \text{'a'}, \text{'b'}, [5, 9]]$$
$$\uparrow$$
$$a[4]$$

그럼 리스트 a의 4번 인덱스 항목인 리스트 [5, 9]에서 5를 인덱싱하고자 할 때는 어떻게 해야 할까요?

$$a = [1, 2, \text{'a'}, \text{'b'}, [5, 9]]$$
$$\uparrow$$
$$?$$

다른 프로그래밍 언어의 2차원 배열의 인덱싱 방법과 같은데요, 차근차근 설명해볼게요.

우선 a[4]를 통해 리스트 a의 4번 인덱스 항목에 접근 가능하므로, a[4]는 리스트 [5, 9]를 가리킨다는 것은 이해하셨죠? 그럼 다음과 같이 a[4]를 잠시 X로 치환해보세요.

$$a = [1, 2, \text{'a'}, \text{'b'}, [5, 9]]$$
$$\uparrow$$
$$\underline{a[4]}$$
$$X$$

X는 a[4]를 치환한 것이므로, X는 리스트 [5, 9]라고 할 수 있습니다. 이때, 5를 인덱싱하는 방법은 잘 알고 계시죠? 다음과 같이 X[0]을 통해 리스트 [5, 9]에서 5를 가리킬 수 있습니다.

$$X = [5, 9]$$
$$\uparrow$$
$$X[0]$$

이제 다 왔네요. X는 a[4]를 치환한 것이었으므로 다시 대입하면 a[4][0]을 통해 리스트 a 내의 리스트 [5, 9]에서 0번 데이터를 인덱싱할 수 있는 것입니다.

$$a = [1, 2, 'a', 'b', [5, 9]]$$

a[4][0]

예제 5-4

```
1   a = [1, 2, 'a', 'b', [5, 9]]
2   print(a[4])
3   print(a[4][0])
4   print(a[4][1])

[5, 9]
5
9
```

2행 a[4]는 [5, 9]를 가리킨다.

3행 a[4][0]은 a[4]가 가리키는 리스트 [5, 9]에서 0번 인덱스인 5를 가리킨다.

4행 a[4][1]은 a[4]가 가리키는 리스트 [5, 9]에서 1번 인덱스인 9를 가리킨다.

◇ 리스트 슬라이싱

파이썬에서 리스트의 특정 부분을 슬라이싱하는 방법은 다음과 같습니다.

리스트[시작번호 : 끝번호]
----
a[1:5]

리스트 슬라이싱을 이용하여 시작번호부터 끝번호 전의 인덱스에 해당하는 리스트를 잘라 추출할 수 있습니다.

다시 한번 강조! 시작은 항상 포함, 끝은 항상 제외됩니다.

따라서 "시작번호" 위치부터 "끝번호-1"번째 위치까지의 부분 리스트를 가져옵니다.

예제 5-5

```
1  a = [1, 2, 'a', 'b', [5, 9]]
2  print(a[1:4])
3  print(a[:4])
4  print(a[1:])
5  print(a[-4:-1])

[2, 'a', 'b']
[1, 2, 'a', 'b']
[2, 'a', 'b', [5, 9]]
[2, 'a', 'b']
```

2행 리스트 a의 인덱스 1번 위치부터 인덱스 3번 위치(끝번호인 4번 인덱스는 제외)의 부분 리스트를 추출한다.

3행 리스트 a의 인덱스 처음 위치부터 인덱스 3번 위치까지의 부분 리스트를 추출한다. 시작번호를 생략할 경우 인덱스 처음 위치부터를 의미한다.

4행 리스트 a의 인덱스 1번 위치부터 끝까지의 부분 리스트를 추출한다. 끝번호를 생략할 경우 리스트 끝까지를 의미한다.

5행 리스트 a의 뒤에서 4번째 위치부터 뒤에서 두 번째 위치(끝번호인 -1번째 인덱스는 제외)까지의 리스트를 추출한다.

◇ 리스트 슬라이싱의 결과는 리스트이다

리스트 인덱싱 결과는 인덱스가 가리키는 항목입니다. 다시 말해, 인덱스가 가리키는 항목이 숫자이면 숫자형으로, 문자열이면 문자열형으로, 리스트이면 리스트형으로 반환됩니다.

반면, 리스트 슬라이싱의 결과는 항상 리스트입니다. 리스트 슬라이싱은 인덱스를 이용해 부분 리스트를 추출하는 것이므로 리스트 슬라이싱은 항상 리스트를 반환하는 것입니다.

다음 예제를 통해 리스트 인덱싱과 리스트 슬라이싱의 결과를 비교해서 확인해보겠습니다.

```
1   a = [1, 2, 'a', 'b', [5, 9]]
2   print(a[1], type(a[1]))
3   print(a[1:2], type(a[1:2]))
4   print(a[-1], type(a[-1]))
```

```
2 <class 'int'>
[2] <class 'list'>
[5, 9] <class 'list'>
```

2행 리스트 a에서 인덱스 1번이 가리키는 데이터와 이것의 데이터형을 출력한다. 리스트 a에서 인덱스 1번이 가리키는 데이터는 2이고, 2의 자료형은 정수형이다.

3행 리스트 a의 인덱스 1번 위치부터 인덱스 1번 위치(끝번호인 2번 인덱스는 제외)의 부분 리스트와 이것의 데이터형을 출력한다. 항목이 2 하나인 리스트가 출력된다.

3행 리스트 a의 뒤에서 1번째 위치의 데이터와 데이터형을 출력한다. 리스트 a의 마지막 항목은 리스트이므로, 리스트 인덱싱 a[-1]의 데이터형은 리스트형이다.

Point 콕콕

- 리스트 인덱싱은 특정 항목 한 개를 가져오고, 리스트 슬라이싱은 부분 리스트를 가져옵니다.
- 리스트 인덱싱의 결과는 인덱스가 가리키는 항목이고, 리스트 슬라이싱의 결과는 항상 리스트입니다.
- 리스트 인덱스는 0번부터 시작합니다.
- 음수 인덱스는 -1부터 시작하고, 오른쪽에서부터 계산합니다.
- 리스트 슬라이싱 리스트[시작번호 : 끝번호]
- 시작번호부터 끝번호 전의 인덱스에 해당하는 리스트를 잘라 추출합니다.
- 주의! 시작은 항상 포함, 끝은 항상 제외됩니다.

4 리스트에 데이터 삽입/삭제/수정

◇ 리스트에 데이터 삽입: append( ) 함수 사용

리스트에 새로운 항목을 한 개 삽입하고자 할 때 다음 예제와 같이 append( ) 함수를 사용합니다. 이때 추가한 항목은 리스트의 맨 뒤에 추가됩니다.

예제 5-7

```
1    a = []
2    a.append(1)
3    print(a)
4    b = ["딸기", "귤"]
5    b.append("수박")
6    print(b)

[1]
['딸기', '귤', '수박']
```

1행 비어있는 리스트 a를 만든다.

2행 리스트 a의 맨 뒤에 새로운 항목 1을 추가한다.

5행 리스트 b의 맨 뒤에 새로운 항목 "수박"을 추가한다.

◇ 리스트에 데이터 삽입: 리스트 확장 extend() 함수 사용

리스트에 새로운 항목을 여러 개 추가하고자 할 때는 다음 예제와 같이 extend() 함수를 사용합니다. 이때 추가한 항목들은 리스트의 맨 뒤에 추가됩니다.

예제 5-8

```
1   a =[]
2   a.extend([1, 2])
3   print(a)
4   b = ["딸기", "귤"]
5   b.extend(["수박", "포도"])
6   print(b)

[1, 2]
['딸기', '귤', '수박', '포도']
```

1행 비어 있는 리스트 a를 만든다.

2행 리스트 a의 맨 뒤에 새로운 항목 1, 2를 추가한다.

5행 리스트 b의 맨 뒤에 새로운 항목 "수박", "포도"를 추가한다.

◇ append( )와 extend( ) 비교

append() 함수는 리스트에 한 개의 항목을 추가하고, extend() 함수는 리스트에 여러 개의 항목을 추가할 수 있습니다. 비슷해 보이는 두 함수가 어떻게 다른지, 다음 예제를 통해 append()와 extend()의 차이를 확인해보겠습니다.

```
1   a = ["딸기", "귤", "수박"]
2   a.append([1, 2])
3   print(a)
4   b = ["딸기", "귤", "수박"]
5   b.extend([1, 2])
6   print(b)

['딸기', '귤', '수박', [1, 2]]
['딸기', '귤', '수박', 1, 2]
```

2행 리스트 a의 맨 뒤에 새로운 항목 [1, 2]를 추가한다.

5행 리스트 b의 맨 뒤에 새로운 항목 1, 2를 추가한다.

◇ 리스트에 데이터 삽입: 리스트 합치기 +(더하기) 연산자 사용

리스트에 데이터를 추가할 때 +(더하기) 연산자를 사용할 수 있습니다. +(더하기) 연산자는 리스트와 리스트 사이에 사용할 경우 두 리스트를 합치는 기능을 하므로 extend() 함수처럼 리스트에 여러 데이터를 삽입할 수 있습니다.

```
1   a = []
2   a = a + [1, 2]
3   print(a)
4   b = ["딸기", "귤"]
5   b = b + ["수박", "포도"]
6   print(b)

[1, 2]
['딸기', '귤', '수박', '포도']
```

2행 리스트 a와 [1, 2]를 합친다.

5행 리스트 b와 ["수박", "포도"]를 합친다.

◇ 리스트에 데이터 삽입: insert( ) 함수를 사용하여 원하는 위치에 삽입

앞에서 살펴본 리스트에 데이터를 추가하는 방법은 모두 리스트의 뒤에 덧붙여 데이터가 추가됩니다. 특정 위치에 데이터를 삽입할 때는 insert() 함수를 이용합니다.

예제 5-11

```
1   a = ["딸기", "귤", "수박"]
2   a.insert(1, "포도")
3   print(a)
```

```
['딸기', '포도', '귤', '수박']
```

2행 리스트 a의 1번 인덱스 위치에 "포도"를 추가한다.

◇ 리스트에 데이터를 삽입할 때 자주 발생하는 오류

파이썬의 리스트가 가지는 특징 중 하나인데 자주 놓치는 부분 중 하나가, 리스트는 존재하지 않는 데이터 항목에 접근할 수 없다는 것입니다.

이것이 대체 무슨 말인지, 예제를 통해 살펴보겠습니다.

[예제 5-12]에서 리스트 a는 다섯 개의 항목을 갖고, 인덱스 0번부터 4번까지 존재한다고 할 수 있습니다. a[5]는 리스트 a의 5번 인덱스를 의미하는데 5번 인덱스는 리스트 a에 존재하지 않는 항목인 것입니다. 리스트는 존재하지 않는 데이터 항목에 접근할 수 없으므로 다음과 같이 에러가 발생하게 됩니다.

```
1   a = [1, 2, 3, 4, 5]
2   a[5] = 60


----------------------------------------------------------------
IndexError                              Traceback (most recent call last)
<ipython-input-14-20b2fc97698f> in <module>()
      1 a = [1 ,2 ,3 ,4 ,5]
------> 2 a[5] = 60

IndexError: list assignment index out of range
```

1행 리스트 a는 0번부터 4번 인덱스가 존재한다.

2행 리스트 a의 5번 인덱스는 존재하지 않으므로 오류가 발생한다.

만약 리스트 a의 5번 인덱스에 60을 추가하고자 하는 의도였다면, 앞에서 살펴본 append() 함수를 사용하면 리스트의 뒤에 데이터를 추가할 수 있습니다.

◇ 리스트 수정

다음 예제는 리스트에서 하나의 항목을 수정하는 방법과 연속된 항목을 수정하는 방법입니다.

```
1   a = [1, 2, 3, 4, 5]
2   a[1] = 20
3   print(a)
4   a[2:4] = [30, 40]
5   print(a)

[1, 20, 3, 4, 5]
[1, 20, 30, 40, 5]
```

2행 리스트 a의 인덱스 1번 항목을 20으로 수정한다.

4행 리스트 a의 인덱스 2번부터 3번 항목을 수정한다.

◇ 리스트에서 데이터 삭제: pop() 함수 사용

다음 예제는 pop() 함수를 사용하여 리스트에서 하나의 항목을 삭제하는 방법입니다. pop() 함수는 다른 방법과 달리 삭제한 항목을 반환합니다. pop() 함수는 삭제한 항목을 반환하므로 반환된 데이터를 저장할 변수가 필요합니다. [예제 5-14] 2행의 변수 b가 이에 해당합니다.

예제 5-14

```
1   a = [1, 2, 3, 4, 5]
2   b = a.pop()
3   print(a)
4   print(b)

[1, 2, 3, 4]
5
```

2행 리스트 a의 맨 뒤의 항목을 삭제하고, 반환하여 변수 b에 저장한다. 변수 b는 pop() 함수가 반환(삭제)한 데이터를 저장하는 변수임.

[예제 5-14]와 같이 pop() 함수의 인수가 생략될 경우 리스트의 맨 뒤의 데이터를 삭제하면서 꺼내고, [예제 5-15]의 pop(2)와 같이 사용할 경우 지정한 위치의 데이터를 삭제하면서 꺼내게 됩니다.

예제 5-15

```
1   a = [1, 2, 3, 4, 5]
2   b = a.pop(2)
3   print(a)
4   print(b)

[1, 2, 4, 5]
3
```

2행 리스트 a의 2번 인덱스 항목을 삭제하고, 반환하여 변수 b에 저장한다.

◇ 리스트에서 데이터 삭제: del 문 사용

```
1   a = [1, 2, 3, 4, 5]
2   del a[1]
3   print(a)
4   del a[1:3]
5   print(a)

[1, 3, 4, 5]
[1, 5]
```

2행 리스트 a의 인덱스 1번 항목을 삭제한다.

4행 리스트 a의 인덱스 1번부터 2번 항목을 삭제한다.

◇ 리스트에서 데이터 삭제: 빈 리스트 사용

```
1   a = [1, 2, 3, 4, 5]
2   a[1:2] = []
3   print(a)
4   a[1:3] = []
5   print(a)

[1, 3, 4, 5]
[1, 5]
```

2행 리스트 a의 인덱스 1번 항목을 삭제한다.

4행 리스트 a의 인덱스 1번부터 2번 항목을 삭제한다.

리스트 함수

리스트를 처리하기 위한 함수들 중 자주 사용되는 함수들을 간단히 살펴보겠습니다.

◇ 리스트 길이 구하기

리스트의 길이는 리스트가 포함하는 항목의 개수를 의미합니다. 문자열의 길이를 구할 때와 같이 len() 함수를 사용하여 리스트의 길이를 구합니다.

예제 5-18

```
1   a = [9, 7, 10, 8, 5, 7, 7, 9, 3, 5]
2   b = len(a)
3   print(b)

    10
```

2행 len(a)는 변수 a에 저장된 리스트의 길이를 반환한다.

◇ 리스트에서 특정 항목의 개수 구하기

예제 5-19

```
1   a = [9, 7, 10, 8, 5, 7, 7, 9, 3, 5]
2   b = a.count(7)
3   print(b)

    3
```

2행 리스트 a에서 7의 개수를 반환하여 이를 변수 b에 저장한다.

◇ 리스트에서 특정 항목의 위치 구하기

예제 5-20

```
1    a = [9, 7, 10, 8, 5, 7, 7, 9, 3, 5]
2    b = a.index(10)
3    print(b)

2
```

2행 리스트 a에서 10의 인덱스를 반환하여, 이를 변수 b에 저장한다.

◇ 리스트 정렬

파이썬은 리스트의 항목들을 정렬해주는 함수로 sort() 함수와 sorted() 함수를 제공합니다.

sort() 함수는 a.sort()와 같이 사용하여 리스트 a의 항목들을 오름차순으로 정렬하고 리스트 a에 정렬된 항목들을 저장하게 됩니다.

이때, 리스트 a의 기존 데이터는 삭제되므로 주의가 필요합니다.

예제 5-21

```
1    a = [9, 7, 10, 8, 5, 7, 7, 9, 3, 5]
2    a.sort()
3    print(a)

[3, 5, 5, 7, 7, 7, 8, 9, 9, 10]
```

2행 리스트 a의 항목들을 오름차순으로 정렬한다.

sort() 함수의 기본값은 오름차순 정렬이고 다음 예제와 같이 sort() 함수의 reverse 옵션을 사용하여 내림차순 정렬을 할 수 있습니다.

예제 5-22

```
1    a = [9, 7, 10, 8, 5, 7, 7, 9, 3, 5]
2    a.sort(reverse=True)
3    print(a)
```

```
[10, 9, 9, 8, 7, 7, 7, 5, 5, 3]
```

2행 리스트 a의 항목들을 내림차순으로 정렬한다.

sorted() 함수는 sorted(a)와 같이 사용하여 리스트 a의 항목들을 오름차순으로
정렬하고, 정렬된 항목들을 반환하므로 이를 [예제 5-23]과 같이 다른 변수를 두어
sorted() 함수의 반환값을 저장할 수 있습니다.

이때, 리스트 a의 기존 데이터는 삭제되지 않습니다.

예제 5-23

```
1    a = [9, 7, 10, 8, 5, 7, 7, 9, 3, 5]
2    b = sorted(a)
3    print(a)
4    print(b)
```

```
[9, 7, 10, 8, 5, 7, 7, 9, 3, 5]
[3, 5, 5, 7, 7, 7, 8, 9, 9, 10]
```

2행 리스트 a의 항목들을 오름차순으로 정렬하여 반환하고, 이를 변수 b에 저장한다.

sorted() 함수의 기본값은 오름차순 정렬이고 다음 예제와 같이 sorted() 함수의
reverse 옵션을 사용하여 내림차순을 할 수 있습니다.

```
1   a = [9, 7, 10, 8, 5, 7, 7, 9, 3, 5]
2   b = sorted(a, reverse =True)
3   print(a)
4   print(b)
```

```
[9, 7, 10, 8, 5, 7, 7, 9, 3, 5]
[10, 9, 9, 8, 7, 7, 7, 5, 5, 3]
```

2행 리스트 a의 항목들을 내림차순으로 정렬하여 반환하고, 이를 변수 b에 저장한다.

Part 06,

딕셔너리
(Dictionary)

딕셔너리?

딕셔너리(Dictionary)는 그대로 해석하면 "사전"이라는 의미입니다.

파이썬에서 딕셔너리는 리스트처럼 한 개 이상의 데이터를 그룹화하는 데 사용되는 자료형입니다.

딕셔너리가 리스트와 어떤 차이가 있는지는 이름에 잘 드러나 있습니다.

사전에서 "apple"이라는 단어를 이용해서 "사과"라는 의미를 찾기 위해서는, 사전에 "apple"과 "사과"가 서로 사상(mapping)되어서 기록되어 있어야 합니다. 파이썬의 딕셔너리에서 "apple"은 키(key)에 해당하고 "사과"는 값(value)에 해당합니다. 딕셔너리는 인덱싱이 가능하게 하는 키(key)와 키에 대응하는 값(value)의 쌍으로 데이터를 저장합니다.

딕셔너리와 리스트의 차이가 조금이나마 이해되실까요?

정리하면 리스트는 한 개 이상의 데이터를 저장하고 리스트의 항목을 인덱싱할 때, 0부터 시작하는 정수 인덱스를 사용하였습니다. 그러므로 **리스트에서 항목의 위치와 순서가 인덱스**로 사용되므로, 리스트에서 항목의 순서는 중요합니다.

반면 딕셔너리는 한 개 이상의 데이터를 저장할 때, 키(key)와 값(value)의 쌍으로 데이터를 저장하여 키(key)를 인덱스로 사용하므로 딕셔너리에서 항목의 위치와 순서는 의미가 없습니다. 그리고 리스트의 인덱스는 정수형이지만, 딕셔너리의 인덱스인 키(key)는 임의 자료형이 될 수 있습니다. 예를 들어 민수의 점수는 80점, 소윤이의 점수는 90점, 서진이의 점수는 85점이라는 데이터를 저장할 때, 딕셔너리를 사용하면 이름을 키로, 점수를 키에 해당하는 값으로 하여 저장할 수 있습니다. score는 이름과 점수가 쌍을 이루어 저장되는 데이터 구조 딕셔너리입니다.

score = { "민수":80 , "소윤":90 , "서진":85 }

key	value
"민수"	80
"소윤"	90
"서진"	85

딕셔너리는 "키(key)"와 "값(value)"의 쌍인 "{키:값}"의 형태로 데이터를 저장한다.

Point 콕콕

딕셔너리에서 주의할 점

- {키:값}으로 데이터가 저장됩니다.
- 리스트의 인덱스가 정수형인 것과 달리 딕셔너리의 키는 임의의 자료형이 가능합니다.
- 키는 중복될 수 없습니다.
- 순서가 없습니다.

2 딕셔너리 만들기

파이썬에서 딕셔너리를 만드는 방법입니다.

딕셔너리명 = {Key1:Value1, Key2:Value2, Key3:Value3⋯}

color = {"red":"ff0000", "yellow":"ffff00", "blue":"0000ff"}

딕셔너리는 중괄호(| |)를 사용하여 딕셔너리 내의 요소들을 감싸고, 키와 값의 쌍으로 데이터를 저장합니다. 키는 값을 검색(인덱싱)하는 데 사용되므로 딕셔너리 내에서 키는 유일한 값이어야 합니다.

위의 딕셔너리에서 키는 "red", "yellow", "blue"이고, 각각의 키에 대응하는 값은 "ff0000", "ffff00","0000ff"입니다.

아래는 색상명과 색상코드를 쌍을 이루어 저장한 딕셔너리 color의 구조입니다.

color = {"red":"ff0000", "yellow":"ffff00", "blue":"0000ff"}

key	value
"red"	"ff0000"
"yellow"	"ffff00"
"blue"	"0000ff"

◇ 빈 딕셔너리 만들기

비어 있는 딕셔너리를 만드는 방법은 [예제 6-1]과 같습니다.

<table>
<tr><td align="center">예제 6-1</td></tr>
</table>

```
1    a = {}
2    print(a)
3    b = dict()
4    print(b)

{}
{}
```

1행 비어 있는 딕셔너리 a를 만든다.

2행 변수 a에 저장된 데이터를 출력한다. 비어 있는 딕셔너리 형태(중괄호, {})로 출력된다.

3행 비어 있는 리스트 b를 만든다.

4행 변수 b에 저장된 데이터를 출력한다. 비어 있는 딕셔너리 형태(중괄호, {})로 출력된다.

딕셔너리 키를 이용해 값 검색

예제 6-2

```
1   a = {"Name": "Sandra", "Age": 8, "Class": "First"}
2   print(a)
3   print(a["Name"])
4   b = a["Age"]
5   print(b)

{'Name': 'Sandra', 'Age': 8, 'Class': 'First'}
Sandra
8
```

3행 딕셔너리 a에서 "Name"을 키로 하는 값을 출력한다.

4행 딕셔너리 a에서 "Age"를 키로 하는 값을 변수 b에 저장한다.

다시 강조합니다.

리스트의 인덱스는 정수!

딕셔너리의 인덱스(key)는 임의의 자료형!

4 딕셔너리에 데이터 삽입/삭제/수정

◇ 딕셔너리에 항목 추가

딕셔너리명[키] = 값

예제 6-3

```
1    a = {1:"a"}
2    a[2] = "b"
3    print(a)
4    a["name"] = "gogh"
5    print(a)

{1: 'a', 2: 'b'}
{1: 'a', 2: 'b', 'name': 'gogh'}
```

1행 1:"a"를 키:값 쌍으로 갖는 딕셔너리 a를 만든다.

2행 딕셔너리 a에 키 2와 값 "b"를 매핑하는 항목을 추가한다.

4행 딕셔너리 a에 키 "name"과 값 "gogh"를 매핑하는 항목을 추가한다.

◇ 딕셔너리의 항목 수정

딕셔너리명[키] = 값

앞에서 딕셔너리에 항목을 추가하는 방법과 동일합니다.

키가 이미 딕셔너리에 존재할 경우 키에 대응하는 값이 수정됩니다.

키가 딕셔너리에 존재하지 않을 경우에는 키와 값의 쌍이 딕셔너리에 추가됩니다.

예제 6-4

```
1   scores = {"철수": 90, "민수": 85, "영희": 80}
2   print(scores)
3   scores["철수"] = 100
4   print(scores)
```

```
{'철수': 90, '민수': 85, '영희': 80}
{'철수': 100, '민수': 85, '영희': 80}
```

3행 딕셔너리 scores에서 키가 "철수"인 항목의 값을 100으로 한다.

◇ 딕셔너리에서 항목 삭제: del 문 사용

del 딕셔너리명[키]

지정된 키에 해당하는 키:값 쌍이 삭제됩니다.

예제 6-5

```
1    scores = {"철수": 90, "민수": 85, "영희": 80}
2    print(scores)
3    del scores["민수"]
4    print(scores)

{'철수': 90, '민수': 85, '영희': 80}
{'철수': 90, '영희': 80}
```

3행 딕셔너리 scores에서 키가 "민수"인 항목을 제거한다. 지정한 키에 해당하는 키:값 쌍이 제거된다.

◇ 특정 키가 딕셔너리에 있는지 검사: in(멤버십) 연산자 사용

특정 키가 딕셔너리에 있는지 확인할 때 in(멤버십) 연산자를 사용합니다.

예제 6-6

```
1    scores = {"철수": 90, "민수": 85, "영희": 80}
2    print("영희" in scores)
3    print("Sandra" in scores)
4    print("소윤" not in scores)

True
False
True
```

2행 딕셔너리 scores에서 키가 "영희"인 항목이 있는지 확인한다.

3행 딕셔너리 scores에서 키가 "Sandra"인 항목이 있는지 확인한다.

Part 07.

선택문

1 프로그램의 구조: 선택 구조

이번 장의 주제인 '선택문'을 다루기 전에, 프로그램의 기본 구조를 간단하게 살펴보겠습니다.

프로그램은 기본적으로 명령문들을 위에서 아래로, 순차적으로 수행합니다. 이런 구조를 순차 구조라고 합니다. 순차 구조 외에도 프로그램을 이루는 기본 구조에는 선택 구조와 반복 구조가 있습니다.

순차 구조	위에서 아래로, 차례대로 명령문을 수행하는 구조
선택 구조	조건에 따라 실행할 명령문을 선택해서 수행하는 구조
반복 구조	반복 조건을 만족하는 동안 반복해서 명령문을 수행하는 구조

지금까지 살펴본 프로그램들은 모두 위에서 아래로, 차례대로 명령문을 수행하는 순차 구조만 가지고 있었습니다. 이번에 다룰 내용은 프로그램의 명령문을 조건에 따라 선택해서 수행히도록 제어할 수 있는 선택 구조입니다. 선택문을 사용하여 선택 구조를 가진 프로그램을 작성할 수 있습니다.

선택문은 특정 명령문을 수행하거나 수행하지 않도록 선택하기 위하여 조건에 따른 판단을 하므로 조건문이라고도 합니다.

우리 생활 주변에서 선택이 필요한 상황을 떠올려보겠습니다.

멤버십 카드가 있나요? 카드가 있을 경우, 10% 할인해드립니다.
탑승객이 3명 이상인가요? 3명 이상이면 터널 통행료가 없습니다.
밖에 비가 내리나요? 비가 내리면 우산을 가져갑니다.
신호등이 초록색인가요? 초록색이면 횡단보도를 건넙니다.

신호등이 초록색이면 횡단보도를 건너고 아니면 횡단보도를 건너지 않는 것은, 신호등의 색깔이라는 [조건]에 따라 다른 [선택]을 하는 것입니다.

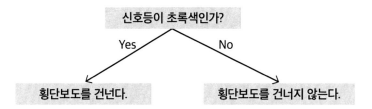

이와 같이 조건에 따라 다른 선택을 해야 하는 경우, 프로그래밍에서는 선택문을 사용하여 주어진 조건을 판단한 후 실행하는 명령문을 선택하도록 합니다.

2 if 문

"멤버십 카드를 가지고 있으면, 구매 금액에서 10%를 할인받을 수 있다"에서 10% 할인을 받기 위해서는 멤버십 카드를 가지고 있다는 조건을 만족해야 합니다.

이와 같이 조건이 참일 경우에만 명령문(작업)을 수행하도록 하는 구문을 작성할 때, if 문을 이용합니다. 즉, if 문은 조건식의 결과에 따라 수행할 명령문(작업)이 달라집니다.

◇ if 문의 기본 구조

if 문은 머리인 헤드(head) 부분과 몸통인 블록(block) 부분으로 구성됩니다.

if 문의 헤드는 **if 조건식 콜론(:)** 으로 작성합니다.

if 문의 블록은 **들여쓰기**를 이용하여 나타냅니다.

여기서 if 문의 블록은 if 문의 조건이 참일 경우에 수행할 문장들을 의미하는데요, 이 문장들은 if 문에 헤드 바로 아래부터 들여쓰기를 해야 합니다.

```
if 조건식 :
    (조건식이 참일 경우) 수행할 문장
    (조건식이 참일 경우) 수행할 문장
```
```
if N%2 == 0 :
    print("짝수")
```

조건식 다음에
콜론(:)

if 조건식 :
수행할 문장
수행할 문장

들여쓰기를 이용해
만들어진 블록구조

들여쓰기
탭 또는 공백 4개

C나 Java와 같은 다른 프로그래밍 언어를 사용했던 분들은 파이썬의 들여쓰기를 이용한 블록구조에 익숙하지 않아 실수하기 쉬우므로 주의가 필요합니다.

들여쓰기는 탭 또는 공백(spacebar) 4개를 사용합니다.

◇ 입력받은 수가 짝수인지 판단하기

예제 7-1

```
1    N = int(input())
2    if N%2 == 0 :
3        print("짝수")


10
짝수
```

1행 input() 함수를 통해 입력 받은 값을 정수형으로 변환하여 변수 N에 저장한다.

2행 N을 2로 나눈 나머지가 0과 같은지, if 문의 조건식을 확인한다.

3행 if 문의 조건식이 참일 경우 print() 함수를 수행한다.

Point 콕콕

- if 문을 사용하면 조건에 따라 실행할 명령문을 선택할 수 있습니다.
- if 문은 조건식 다음에 반드시 콜론(:)을 사용합니다.
- if 문은 들여쓰기를 이용해 블록구조를 만듭니다.

3

if ~ else 문

if 문이 조건식이 참일 경우 수행할 문장을 처리했다면, if ~ else 문은 조건식이 참일 때와 거짓일 경우에 수행할 문장을 선택하여 처리할 수 있는 구문입니다.

```
if 조건식 :
    (조건식이 참일 경우) 수행할 문장
    (조건식이 참일 경우) 수행할 문장
else :
    (조건식이 거짓일 경우) 수행할 문장
    (조건식이 거짓일 경우) 수행할 문장
```

```
if N%2 == 0 :
    print("짝수")
else :
    print("홀수")
```

if 문의 조건식이 참일 경우, if 문 블록의 문장들을 수행하고, else 문 블록의 문장들은 수행하지 않습니다.

if 문의 조건식이 거짓일 경우, if 문 블록의 문장들은 수행하지 않고, else 문 블록의 문장들을 수행합니다.

◇ 입력받은 수가 짝수인지 홀수인지 판단하기

예제 7-2

```
1   N = int(input())
2   if N%2 == 0 :
3       print("짝수")
4   else :
5       print("홀수")


10              ← 입력 예시 1
짝수             ← 출력 예시 1
5               ← 입력 예시 2
홀수             ← 출력 예시 2
```

1행 input() 함수를 통해 입력 받은 값을 정수형으로 변환하여 변수 N에 저장한다.

2행 N을 2로 나눈 나머지가 0과 같은지, if 문의 조건식을 확인한다.

3행 if 문의 조건식이 참일 경우 print() 함수를 수행한다.

4행 else 문은 if 문의 조건식이 거짓일 경우 수행한다.

5행 if 문의 조건식이 거짓일 경우 print() 함수를 수행한다.

예제는 어떤 정수가 짝수인지 홀수인지 여부를 판단하는 프로그램입니다.

입력받은 수를 2로 나눈 나머지가 0인지 아닌지를 판단하여 나머지가 0일 경우 "짝수"를 출력하고, 나머지가 0이 아닐 경우 "홀수"를 출력합니다.

if ~ elif ~ else 문

if ~ elif ~ else 문은 두 개 이상의 조건이 있을 경우에 이를 비교 판단하여 수행할 문장을 선택하여 처리할 수 있는 구문입니다.

```
if 조건식1 :
    (조건식1이 참일 경우) 수행할 문장
    (조건식1이 참일 경우) 수행할 문장
elif 조건식2 :
    (조건식1은 거짓이고, 조건식2가 참일 경우) 수행할 문장
    (조건식1은 거짓이고, 조건식2가 참일 경우) 수행할 문장
else :
    (조건식1, 2 모두 거짓일 경우) 수행할 문장
    (조건식1, 2 모두 거짓일 경우) 수행할 문장
```

```
if N > 0 :
    print("양수")
elif N == 0 :
    print("영")
else :
    print("음수")
```

if 문의 조건식1이 참일 경우, if 문 블록의 문장들을 수행하고, elif 문과 else 문 블록의 문장들은 수행하지 않습니다.

if 문의 조건식1이 거짓이고, elif 문의 조건식2가 참일 경우, elif 문의 문장들을 수행하고, if 문과 else 문 블록의 문장들은 수행하지 않습니다.

조건식1과 조건식2가 모두 거짓일 경우, if 문과 elif 문의 문장들은 수행하지 않고, else 문 블록의 문장들을 수행합니다.

◇ 입력받은 수가 양수인지, 0인지, 음수인지 판단하기

예제 7-3

```
1   N = int(input())
2   if N > 0 :
3       print("양수")
4   elif N == 0 :
5       print("영")
6   else :
7       print("음수")
```

```
10          ← 입력 예시 1
양수          ← 출력 예시 1
-5          ← 입력 예시 2
음수          ← 출력 예시 2
0           ← 입력 예시 3
영           ← 출력 예시 3
```

1행 input() 함수를 통해 입력 받은 값을 정수형으로 변환하여 변수 N에 저장한다.

2행 N이 0보다 큰지, if 문의 조건식을 확인한다.

3행 if 문의 조건식이 참일 경우 print() 함수를 수행한다.

4행 if 문의 조건식이 거짓일 경우, N이 0과 같은지, elif 문의 조건식을 확인한다.

5행 if 문의 조건식이 거짓이고, elif문의 조건식이 참일 경우, print() 함수를 수행한다.

6행 else 문은 if 문의 조건식과 elif 문의 조건식이 거짓일 경우 수행한다.

7행 if 문의 조건식과 elif 문의 조건식이 거짓일 경우 print() 함수를 수행한다.

예제는 어떤 정수가 양수인지, 영인지, 음수인지 여부를 판단하는 프로그램입니다.

입력받은 수가 0보다 큰지, 0과 같은지, 0보다 작은지(앞의 두 조건이 모두 아닌 경우)를 판단하여 N이 0보다 클 경우 "양수", N이 0과 같을 경우 "영", N이 0보다 작을 경우 "음수"를 출력합니다.

중첩 if

if 문의 블록 안에 if 문이 들어갈 수 있습니다. 이를 중첩 if 문이라고 합니다. 이때 if 문 블록 안에 들어갈 수 있는 if 문의 개수에는 제한이 없습니다.

◇ **입력받은 수가 양의 짝수/양의 홀수인지, 0인지, 음의 짝수/음의 홀수인지 판단하기**

다음 예제는 if 문을 중첩하여 사용한 예제입니다.

예제 7-4

```
1   a = int(input())
2   if a > 0 :
3       if a%2 == 0 :
4           print(a, "는 양의 짝수")
5       else :
6           print(a, "는 양의 홀수")
7   elif a == 0 :
8       print(a, "는 영")
9   else :
10      if a%2 == 0 :
11          print(a, "는 음의 짝수")
12      else :
13          print(a, "는 음의 홀수")

-5
-5 는 음의 홀수
```

1행 input() 함수를 통해 입력받은 값을 정수형으로 변환하여 변수 a에 저장한다.

2행 a가 0보다 큰지, 조건식을 확인한다.

3행 2행의 조건식이 참일 경우, a를 2로 나눈 나머지가 0인지 확인한다.

4행 a가 0보다 크고, a를 2로 나눈 나머지가 0인 조건을 모두 만족하면 print() 함수를 수행한다.

5행 2행의 조건식이 참이고, 3행의 조건식이 거짓이면 수행한다.

6행 a가 0보다 크다는 조건을 만족하고, a를 2로 나눈 나머지가 0이라는 조건을 만족하지 않으면, print() 함수를 수행한다.

7행 a가 0과 같은지, 조건식을 확인한다.

8행 a가 0이면 print() 함수를 수행한다.

9행 2행의 조건식과 7행의 조건식이 모두 거짓이면 수행한다.

10행 2행과 7행의 조건식이 모두 거짓일 경우, a를 2로 나눈 나머지가 0인지 확인한다.

11행 a가 0보다 작고, a를 2로 나눈 나머지가 0인 조건을 만족하면 print() 함수를 수행한다.

12행 2행과 7행의 조건식이 모두 거짓이고, 10행의 조건식이 거짓이면 수행한다.

13행 a가 0보다 작고, a를 2로 나눈 나머지가 0인 조건을 만족하지 않으면 print() 함수를 수행한다.

6 들여쓰기: indent/indentation

파이썬에서 들여쓰기는 매우 중요합니다.

들여쓰기는 선택문뿐만 아니라 앞으로 다룰 반복문, 사용자 정의 함수 등에서 블록 구조를 만들기 위해 사용됩니다. C나 Java와 같은 다른 프로그래밍 언어를 사용했던 분들은 파이썬의 들여쓰기를 이용한 블록구조에 익숙하지 않아 실수하기 쉬우므로 들여쓰기와 관련해 자주 발생하는 오류를 살펴보도록 하겠습니다.

들여쓰기 규칙을 따르지 않았을 경우에는 [예제 7-5]와 같은 오류(indentationError)가 발생합니다.

다음 예제의 오류 메시지를 이해할 수 있다면 쉽게 정정이 가능한데요, 들여쓰기가 영어로 indent라는 것만 기억하면 되겠죠?

들여쓰기
indent/indentation

예제 7-5

```
1   a = int(input())
2   if a > 0 :
3   print("양수")
4   print("%d는 양수입니다." %a)
5   print("파이썬에서 들여쓰기는 중요합니다")

 File "<ipython-input-7-0cc2b6beae3c>", line 3
    print("양수")
          ^
IndentationError : expected an indented block
```

오류 메시지 IndentationError: 들여쓰기 오류

if 문에서는 if 문에 속하는 모든 문장, 다시 말하면 if 문의 조건식에 따라 선택하여 실행할 문장은 모두 들여쓰기를 해야 합니다.

다음 두 예제를 통해 들여쓰기를 잘못했을 경우 어떤 문제가 발생하는지 살펴보겠습니다.

다음 두 예제를 실행한 결과의 차이를 비교해보겠습니다.

```
1   a = int(input())
2   if a > 0 :
3       print("양수")
4   print("%d는 양수입니다." % a)
5   print("파이썬에서 들여쓰기는 중요합니다")
```

```
1   a = int(input())
2   if a > 0 :
3       print("양수")
4       print("%d는 양수입니다." % a)
5   print("파이썬에서 들여쓰기는 중요합니다")
```

두 예제에서 다른 부분을 찾으셨나요?

4행이 다르네요. 왼쪽 코드는 들여쓰기가 없고, 오른쪽 코드는 들여쓰기가 되어 있습니다.

두 프로그램을 실행한 결과는 어떻게 다를까요?

만약 입력값이 양수라면 두 프로그램의 결과는 차이가 없을 것입니다.

그러나 입력값이 음수일 경우 왼쪽 프로그램은 4행, 5행이 출력되고, 오른쪽 프로그램은 5행만 출력됩니다. 다음 예제를 통해 확인해보세요.

예제 7-6

```
1   a = int(input())
2   if a > 0 :
3       print("양수")
4   print("%d는 양수입니다." % a)
5   print("파이썬에서 들여쓰기는 매우 중요합니다")
```

```
-5
-5는 양수입니다.
파이썬에서 들여쓰기는 매우 중요합니다
```

2행 변수 a에 저장된 값이 0보다 큰 값인지 확인한다.

3행 위 조건이 참일 경우 "양수"를 출력한다.

4행~5행 if 문과 관계없이 항상 출력된다. 4행은 아래의 "변수의 값을 형식 지정하여 출력" 표 참고(『Part 01. 출력과 입력』에서 살펴본 바 있다)

예제 7-7

```
1   a = int(input())
2   if a > 0 :
3       print("양수")
4       print("%d는 양수입니다." % a)
5   print("파이썬에서 들여쓰기는 매우 중요합니다")
```

```
-5
파이썬에서 들여쓰기는 매우 중요합니다
```

2행 변수 a에 저장된 값이 0보다 큰 값인지 확인한다.

3행~4행 위 조건이 참일 경우 출력한다. 4행은 아래의 "변수의 값을 형식 지정하여 출력" 표 참고(『Part 01. 출력과 입력』에서 살펴본 바 있다)

5행 if 문과 관계없이 항상 출력된다.

이런 경우 문법적으로 오류가 없으므로 오류 메시지가 나타나지 않습니다. 그렇다고 오류가 없는 것은 아닙니다. 이런 오류를 논리적 오류라고 합니다.

이 예제의 첫 번째 프로그램에서 -5를 입력했을 때 양수라고 출력하는 것은 논리적으로 오류이므로, 두 번째 프로그램과 같이 작성하여야 오류가 없는 프로그램이라고 할 수 있습니다.

변수의 값을 형식 지정하여 출력	
print("%d" % n)	변수 n의 값을 10진수로 출력
print("%.2f" % f)	변수 f의 값을 소수점 이하 셋째 자리에서 반올림하여 둘째 자리까지 출력
print("%o" % n)	변수 n의 값을 8진수로 출력
print("%x" % n)	변수 n의 값을 16진수 소문자로 출력
print("%X" % n)	변수 n의 값을 16진수 대문자로 출력

Part 08.

반복문

프로그램의 구조: 반복 구조

앞서 「Part 07. 선택문」에서 프로그램을 이루는 기본 구조에 대해 살펴보았습니다.

선택 구조가 조건에 따라 실행할 명령문을 선택해서 수행하는 구조였다면, 반복 구조는 조건이 참이면 반복해서 명령문을 수행하는 구조입니다.

여기서 잠시! 조건이 계속 참이면 반복문이 무한히 계속되겠죠? 그래서 반복 구조에서는 조건을 변화시켜 언젠가는 조건이 거짓이 되어 반복 구조를 벗어나도록 한답니다. 반복 구조 장을 찬찬히 살펴보시면 무슨 의미인지 아실 거예요.

반복문을 사용하면 동일한 내용을 반복해서 처리할 수 있습니다.

우리 생활 주변에서 반복이 필요한 상황을 떠올려보겠습니다.

> 1,000명의 성적을 처리
> 오븐에서 설정한 (타이머)시간 동안 가열
> 로봇이 장애물을 만날 때까지 전진
> 비밀번호가 맞을 때까지 입력

1,000명의 성적을 처리하는 경우 어떤 부분이 반복되는지 볼게요.

1,000명의 학생이 5과목 시험을 치렀고, 각 학생의 총점과 평균을 구하려고 합니다.

총점을 구하는 동작과 평균을 구하는 동작은 1,000번 반복되어야 합니다.

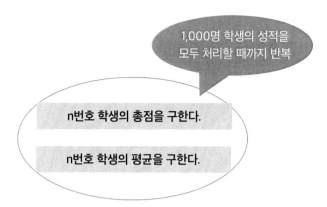

반복문을 사용하지 않고 프로그램을 작성한다면 같은 처리를 하는 명령문이 1,000개 필요할 것이지만, 반복문을 사용하여 동일한 과정이 반복 처리되도록 하면 프로그램의 코드 길이가 짧아져 단순하고 명확한 프로그램이 됩니다.

while 문

while의 사전적 의미는 "~하는 동안에"입니다.

파이썬에서 while 문은 **조건을 만족하는 동안에 명령문을 반복해서 수행**하는 구문입니다.

◇ while 문의 기본 구조

while 문은 머리인 헤드(head) 부분과 몸통인 블록(block) 부분으로 구성됩니다.

while 문의 헤드는 while 조건식 콜론(:)으로 작성합니다.

while 문의 블록은 들여쓰기를 이용하여 나타냅니다.

여기서 while 문의 블록은 while 문의 조건이 참일 경우에 반복 수행할 문장들을 의미하는데요, 이 문장들은 while 문 헤드 바로 아래부터 들여쓰기를 해야 합니다.

```
while 조건식 :
    반복 수행할 문장1
    반복 수행할 문장2
      ⋮
```

```
pw = "0518"
N = input()
while pw != N :
    print("비밀번호가 틀렸습니다. 다시 입력하세요.")
    N = input()
```

조건식 다음에
콜론(:)

while 조건식 :
반복 수행할 문장
반복 수행할 문장

들여쓰기를 이용해
만들어진 블록구조

들여쓰기
탭 또는 공백 4개

while 문의 기본 구조는 if 문의 기본 구조와 동일해 보이나, 프로그램이 실행될 때 큰 차이를 보입니다.

if 문은 조건이 참일 때, if 문의 블록을 한 번 실행하는 반면, while 문은 조건이 참인 동안 while 문의 블록을 반복해서 계속 실행합니다.

그러므로 while 문의 블록 내에는 while 문이 무한히 반복되는 것을 방지하기 위해, while 문의 조건식이 어느 순간에는 거짓이 되도록 하는 명령문을 포함하도록 합니다.

◇ 비밀번호가 맞을 때까지 비밀번호를 입력하기

예제 8-1

```
1   pw = "0518"
2   N = input()
3   while pw != N :
4       print("비밀번호가 틀렸습니다. 다시 입력하세요.")
5       N = input()
```

0711
비밀번호가 틀렸습니다. 다시 입력하세요.
1212
비밀번호가 틀렸습니다. 다시 입력하세요.
1019
비밀번호가 틀렸습니다. 다시 입력하세요.
0518

1행 설정된 비밀번호는 0518이다.

2행 사용자로부터 비밀번호를 입력받아 변수 N에 저장한다.

3행 설정된 비밀번호와 입력받은 비밀번호를 비교하여 다르면, 4행~5행을 반복한다.

3 for 문

파이썬에서 for문은 모든 순서형 자료(리스트 또는 문자열)의 항목을 반복하기 위한 구문입니다.

◇ for 문의 기본 구조

for 문은 머리인 헤드(head) 부분과 몸통인 블록(block) 부분으로 구성됩니다.

for 문의 헤드는 "for 변수 in 순서형자료 콜론(:)"으로 작성합니다.

for 문의 블록은 들여쓰기를 이용하여 나타냅니다.

여기서 for 문의 블록은 순서형 자료의 길이만큼 반복 수행할 문장들로, 이 문장들은 for 문 헤드 바로 아래부터 들여쓰기를 합니다.

```
for 변수 in 순서형 자료 :
    반복 수행할 문장1
    반복 수행할 문장2
       ⋮
```

```
color = ["red", "orange", "yellow", "green", "blue"]
for c in color :
    print(c)
```

리스트의 항목이
순서대로 c에 대입

헤드 부분 끝에
콜론(:)

for c in ["red", "orange", "yellow", "green", "blue"] :

print(c)

들여쓰기
탭 또는 공백 4개

반복할 수행할
문장

리스트 ["red", "orange", "yellow", "green", "blue"]의 첫 번째 항목인 "red"가 먼저 변수 c에 대입된 후 print(c)라는 문장이 수행됩니다. 다음에 두 번째 항목인 "orange"가 변수 c에 대입된 후 print(c) 문장이 수행되고 리스트의 마지막 항목까지 이 과정이 반복됩니다.

예제 8-2

```
1   color = ["red", "orange", "yellow", "green", "blue"]
2   for c in color :
3       print(c)
```

```
red
orange
yellow
green
blue
```

2행 for 문을 이용하여 리스트 color의 항목을 순회하며 변수 c에 차례로 대입한다.

3행 리스트 color의 모든 항목이 순서대로 출력된다.

[예제 8-2]에서 3행의 print(c) 문장은 몇 번 실행될까요? 출력결과를 보시면 아시겠죠? 다섯 번입니다. 왜 다섯 번인가요? 그렇죠. 리스트 color의 항목의 개수가 5개이기 때문입니다.

정리하면, for 문 블록 내의 문장들은 순서형 자료의 길이만큼 반복 수행됩니다.

◇ for 문과 리스트

for 문을 이용해 리스트의 항목 출력하기

예제 8-3

```
1   stu = ["서진", "소윤", "민수"]
2   for name in stu :
3       print ("Hi", name)

Hi 서진
Hi 소윤
Hi 민수
```

2행 for 문을 이용하여 리스트 stu의 항목을 순회하며 변수 name에 차례로 대입한다.

리스트 stu의 첫 번째 항목인 "서진"이 먼저 변수 name에 대입된 후 print() 함수가 수행되고, 다음에 두 번째 항목인 "소윤"이 변수 name에 대입된 후 print() 함수가 수행되고, 리스트의 마지막 항목인 "민수"까지 이 과정이 반복됩니다.

다시 확인해볼게요~.

for 문 내의 print() 함수는 몇 번 수행되었을까요?

모두 쉽게 맞추셨겠지만, 세 번 수행되었습니다.

for 문이 리스트와 함께 사용될 때, for 문 내 문장의 반복 수행 횟수는 리스트의 항목의 수, 즉 리스트의 길이가 영향을 미치게 됩니다.

◇ for 문과 range( ) 함수

range() 함수는 정수 목록을 만드는 함수로 for 문과 함께 자주 사용됩니다.

range(시작 숫자, 끝 숫자, 단계)

주의! 시작은 항상 포함, 끝은 항상 제외됩니다.

range(1, 10, 2): 1부터 9(끝 숫자-1)까지, 2씩 증가하는 정수 목록(1, 3, 5, 7, 9)을 생성합니다.

range(1, 10): range() 함수의 인수가 두 개일 경우, 각각은 시작 숫자와 끝 숫자입니다. 따라서 1부터 9까지 연속된 정수 목록(1, 2, 3 … 9)을 생성합니다.

range(10): range() 함수의 인수가 한 개일 경우, 괄호 안의 인수는 끝 숫자를 의미하고, 시작 숫자는 생략되었습니다. 시작 숫자가 생략될 경우 0부터 시작합니다. 0부터 9까지 정수 목록(0, 1, 2 … 9)을 생성합니다.

예제 8-4

```
1   for i in range(10) :
2       print(i, end = " ")
```

0 1 2 3 4 5 6 7 8 9

1행 range() 함수를 통해 생성된 정수 목록(0~9)이 변수 i에 차례로 대입된다.

---

range(1, 11): 1부터 10까지 정수 목록(1, 2, 3 … 10)을 생성합니다.

예제 8-5

```
1   for i in range(1, 11) :
2       print(i, end = " ")
```

1 2 3 4 5 6 7 8 9 10

1행 range() 함수를 통해 생성된 정수 목록(1~10)이 변수 i에 차례로 대입된다.

---

range(1, 11, 2): 1부터 10까지 정수 2씩 증가하며 정수 목록(1, 3, 5, 7, 9)을 생성합니다.

예제 8-6

```
1   for i in range(1, 11, 2) :
2       print(i, end =" ")

1 3 5 9
```

1행 range() 함수를 통해 생성된 정수 목록이 변수 i에 차례로 대입된다.

◇ 1부터 100 사이의 3의 배수 출력하기

예제 8-7

```
1   for i in range(1, 101) :
2       if i%3 == 0 :
3           print(i, end = " ")

3 6 9 12 15 18 21 ······ 96 99
```

1행 range() 함수를 이용해 1부터 100까지 정수 목록을 생성하고, 변수 i에 차례로 대입된다.

2행 변수 i를 3으로 나눈 나머지가 0인지 확인한다. 즉, 1~100을 차례로 3의 배수인지 확인한다.

3의 배수인지 확인하기 위해 if 문을 사용하였고, for 문을 이용하여 1~100 사이의 수들이 3의 배수인지 확인하는 과정을 반복시켰습니다.

리스트 컴프리헨션(List Comprehension)

리스트 컴프리헨션은 리스트 안에 for 문을 사용하여 간단하게 리스트를 만드는 방법입니다.

리스트명 = [식 for 변수 in 순서형 자료]

다음의 예제들과 같이 1부터 10까지의 정수 목록을 생성하는 경우, 1~10의 정수 목록을 제곱한 수열인 1, 2, 4, 9 … 100의 목록을 생성하는 경우, 1~100 사이의 3의 배수 목록을 생성하는 경우를 예로 들어보겠습니다.

리스트 컴프리헨션을 사용하면 더 간결한 코드를 사용해 프로그램을 작성할 수 있습니다만, 다음의 [예제 8-8, 8-10, 8-12]와 같은 방법을 사용하셔도 좋습니다~.

1부터 10까지의 정수 목록을 생성하는 경우

예제 8-8

```
1  n = []
2  for i in range(1, 11) :
3      n.append(i)
4  print(n)
```

[1, 2, 3, 4, 5, 6, 7, 8, 9, 10]

예제 8-9

```
1  n = [i for i in range(1, 11)]
2  print(n)
```

[1, 2, 3, 4, 5, 6, 7, 8, 9, 10]

1~10의 정수 목록을 제곱한 수열인 1, 2, 4, 9 … 100의 목록을 생성하는 경우

```
1   n =[]
2   for i in range(1, 11) :
3       n.append(i*i)
4   print(n)
```

[1, 4, 9, 16, 25, 36, 49, 64, 81, 100]

```
1   n = [i *i for i in range(1, 11)]
2   print(n)
```

[1, 4, 9, 16, 25, 36, 49, 64, 81, 100]

1~100 사이의 3의 배수 목록을 생성하는 경우

```
1   n =[]
2   for i in range(1, 11) :
3       n.append(i*i)
4   print(n)
```

[3, 6, 9, 12, 15, 18, 21, 24, 27, 30, 33, 36, 39, 42, 45, 48, 51, 54, 57, 60, 63, 66, 69, 72, 75, 78, 81, 84, 87, 90, 93, 96, 99]

3의 배수라는 조건을 비교 판단하기 위해서는 for 문 내에 if 문을 사용해야 하는데 형식은 다음과 같습니다.

리스트명 = [식 for 변수 in 순서형 자료 if 조건식]

```
1   n = [i for i in range(1, 101) if i%3 == 0]
2   print(n)
```

[3, 6, 9, 12, 15, 18, 21, 24, 27, 30, 33, 36, 39, 42, 45, 48, 51, 54, 57, 60, 63, 66, 69, 72, 75, 78, 81, 84, 87, 90, 93, 96, 99]

◇ 1부터 100까지 합 구하기

예제 8-14

```
1    re = 0
2    for i in range(1, 101) :
3        re = re + i
4    print(re)

5050
```

1행 1부터 100까지의 합을 저장할 변수 re의 값을 0으로 초기화한다.

2행 range() 함수를 통해 생성된 1~100까지 정수가 변수 i에 차례로 대입된다.

3행 for 문을 한 번 반복 수행할 때마다 변수 re에 1부터 100까지 차례로 누적해서 더한다.

[예제 8-14]는 누적합의 대표적인 프로그램입니다. 자주 사용되는 방법이니 아래 그림을 통해 꼭 이해하고 넘어가시기 바랍니다.

$$re = 0$$
$$i = 1 \quad re = re + i \quad re = 0 + 1$$
$$i = 2 \quad re = re + i \quad re = 0 + 1 + 2$$
$$i = 3 \quad re = re + i \quad re = 0 + 1 + 2 + 3$$
$$\cdots\cdots$$
$$i = n \quad re = re + i \quad re = 0 + 1 + 2 + 3 + \cdots + n$$

위 예제에서 1행은 굉장히 중요합니다.

for 문이 처음 실행될 때, 3행의 re + i를 수행하기 위해서는 re의 값이 무엇인지 필요해요. 변수 re의 값을 지정하지 않을 경우, 프로그램은 re의 값을 알지 못하므로 다음 [예제 8-15]와 같이 오류가 발생하게 됩니다. 따라서 반드시 1행과 같은 초기화 과정이 필요합니다. 변수 re의 시작 값이 0이더라도, 꼭 변수 re의 값은 0이라는 것을 프로그램에게 알려줘야 한답니다!

```
1   for i in range(1, 101) :
2       res = res + i
3   print(res)
```

```
--------------------------------------------------------------
NameError                          Traceback (most recent call last)
<ipython-input-1-832e3f925f42> in <module>()
      1 for i in range (1, 101 ):
----> 2     res = res + i
      3 print (res)

NameError: name 'res' is not defined
```

변수 res의 초깃값이 정의되지 않아서 2행에서 res + i를 수행할 수 없으므로 오류가 발생

◇ for 문과 딕셔너리

딕셔너리는 순서형 자료는 아니지만, for 문과 함께 사용할 수 있습니다.

딕셔너리 키(key)를 이용하여 값(value)을 인덱싱하므로, 순서가 없다는 점을 기억하시죠? 그러므로 for 문을 이용해서 딕셔너리의 각 항목을 순회할 때도 순서가 없이 반복됩니다.

```
1   color = {"red":"ff0000", "yellow":"ffff00", "blue":"0000ff"}
2   for c in color :
3       print(c, color[c])
```

```
red ff0000
yellow ffff00
blue 0000ff
```

2행 for 문이 반복 수행될 때마다 딕셔너리 color를 순회하여 딕셔너리 color의 키(key)가 변수 c에 대입된다.

중첩 for 문

for 문의 블록 안에 for 문이 들어갈 수 있습니다. 이를 중첩 for 문이라고 합니다. 이때 for 문 블록 안에 들어갈 수 있는 for 문의 개수에는 제한이 없습니다.

```python
for i in range(1, 3) :
    for j in range(1, 5) :
        print(i, j)
```

바깥쪽 for 문은 i=1, i=2 두 번 반복되고, 안쪽 for 문은 j=1부터 j=4까지 네 번 반복됩니다.

그리고 다음과 같이 바깥쪽 for 문이 한 번 반복될 때, 안쪽 for 문은 네 번 반복하게 됩니다.

i가 1일 때, j는 1부터 4까지 반복되고,

```
i = 1    j = 1        print(i, j)

         j = 2        print(i, j)

         j = 3        print(i, j)

         j = 4        print(i, j)
```

i가 2일 때, 다시 j는 1부터 4까지 반복됩니다.

```
i = 2    j = 1        print(i, j)

         j = 2        print(i, j)

         j = 3        print(i, j)

         j = 4        print(i, j)
```

◇ 구구단 출력하기

다음 예제는 for 문을 중첩하여 구구단 3단과 5단을 출력하는 프로그램입니다.

바깥쪽 for 문에서 반복할 값과, 안쪽 for 문에서 반복할 값들을 잘 생각해보신 후 코드를 확인하시면 좋겠습니다.

예제 8-17

```
1   for i in [3, 5] :
2       for j in range(1, 10) :
3           print(i, "*", j, "=", i*j)
```

```
3 * 1 = 3
3 * 2 = 6
3 * 3 = 9
3 * 4 = 12
3 * 5 = 15
3 * 6 = 18
3 * 7 = 21
3 * 8 = 24
3 * 9 = 27
5 * 1 = 5
5 * 2 = 10
5 * 3 = 15
5 * 4 = 20
5 * 5 = 25
5 * 6 = 30
5 * 7 = 35
5 * 8 = 40
5 * 9 = 45
```

1행 리스트 [3, 5]의 항목이 순서대로 변수 i에 대입된다.

2행 정수 1~9가 순서대로 변수 j에 대입된다.

5 break 문과 continue 문

break 문과 continue 문은 반복문의 흐름을 변경하는 역할을 하는 구문입니다.

프로그램이 실행되다가 break 문을 만나면 이후 문장을 수행하지 않고, 가장 가까운 반복문을 강제로 빠져나갑니다. 그리고 continue 문은 프로그램이 실행되다가 continue 문을 만나면, 이후 문장을 수행하지 않고, 다음 반복으로 넘어가도록 하는 기능을 합니다.

break	해당 반복문을 빠져나감
continue	이후 명령문을 수행하지 않고 다음 반복으로 넘어감

다음은 1~10까지 반복하다 3의 배수를 만나면 반복이 종료되는 프로그램입니다.

예제 8-18

```
1   for i in range(1, 11) :
2       if i%3 == 0 :
3           break
4       print(i)

1
2
```

1행 1부터 10까지 반복한다.

2행 변수 i가 3의 배수인지 확인한다.

3행 변수 i가 3의 배수이면 반복을 종료한다.

다음은 1~10까지 반복하다 3의 배수를 만나면 출력하지 않고, 다음 반복을 계속하는 프로그램입니다.

예제 8-19

```
1   for i in range(1, 11) :
2       if i%3 == 0 :
3           continue
4       print(i)

1
2
4
5
7
8
10
```

1행 1부터 10까지 반복한다.

2행 변수 i가 3의 배수인지 확인한다.

3행 변수 i가 3의 배수이면 이후 문장을 수행하지 않고 반복을 계속한다.

Part 09.

함수

/ 학 / 습 / 목 / 표 /

함수의 개념과 필요성을 이해할 수 있다.
함수를 정의하고 호출할 수 있다.
전역변수와 지역변수의 참조 범위를 이해할 수 있다.
문제 상황에 적합한 함수 사용할 수 있다.
문제를 해결하기 위해 함수를 활용하여 프로그램을 작성할 수 있다.

1 함수란?

이번 장에서는 함수를 다룹니다.

지금까지 프로그램을 작성할 때, 파이썬의 다양한 함수를 사용했으므로 함수라는 용어가 낯설지는 않으시죠?

```
age = input()
print("당신의 나이는", age, "입니다.")
```

위 프로그램은 사용자로부터 입력을 받기 위해 input() 함수를 사용하고, 화면에 출력하기 위해 print() 함수를 사용하고 있습니다. 이 두 함수는 우리가 프로그램을 작성할 때 입력과 출력 기능을 쉽게 사용할 수 있도록 파이썬에서 미리 만들어서 제공하는 함수인데요, 이러한 종류의 함수들을 내장함수라고 합니다. 내장함수에 대한 내용은 다음 「2. 내장함수」에서 정리했습니다. 파이썬의 내장함수는 함수 이름만 사용하여 함수를 몇 번이고 불러, 함수의 기능을 반복해서 사용할 수 있습니다.

짐깐! 여기 함수의 중요한 특징이 있습니다. 바로, 함수는 재사용이 가능하다는 점입니다. 프로그램을 만들 때 같은 코드가(내용이) 반복될 경우, 반복되는 명령어들을 함수로 만들어두면 함수 이름만 사용하여 함수에 포함된 명령어들을 몇 번이고 다시 수행할 수 있습니다.

또한 프로그램이 크고 복잡해질 경우 프로그램의 기능을 나누고, 기능별로 함수를 만들어 사용할 경우 프로그램의 관리 및 유지 보수가 용이하고 프로그램의 복잡도를 낮출 수 있습니다.

함수란 재사용 가능한 프로그램의 조각으로, 특정 블록의 명령어들을 묶어 이름을 붙이고(함수 정의), 그 이름을 프로그램 어디에서든 사용함으로써(함수 호출) 그 블록에 포함된 명령어들을 몇 번이고 다시 실행할 수 있게 합니다.

이렇게 파이썬에서 미리 만들어서 제공하는 함수 외에 우리가 직접 함수를 만들어 사용할 수도 있습니다. 이는 사용자 정의 함수라고 하고, 관련한 내용은 다음 「3. 사용자 정의 함수」에서 다루겠습니다.

더 알아보기

함수를 사용할 때 좋은 점
- 반복되는 코드를 피할 수 있다
- 반복 사용되는 코드를 함수로 만들어 사용하므로 코드가 간결해진다(중복성 감소).
- 한번 만든 함수는 함수 이름만 사용하여 몇 번이고 불러 사용할 수 있다(재사용성 증가).
- 프로그램의 기능별로 함수를 만들어 사용하여, 프로그램의 관리 및 유지 보수가 용이해진다(모듈화).

내장함수(Built-in Functions)

파이썬 프로그램을 작성할 때 자주 사용하는 기능을 우리가 쉽게 사용할 수 있도록 파이썬에서 미리 만들어서 제공하는 함수를 내장함수(Built-in Functions)라고 합니다.

파이썬의 내장함수들을 확인하는 방법은 다음과 같습니다.

앞 장들에서 다뤘던 함수들을 찾아보세요~.

```
1   print (dir(__builtins__))
```

```
['ArithmeticError', 'AssertionError', 'AttributeError', 'BaseException',
'BlockingIOError', 'BrokenPipeError', 'BufferError', 'BytesWarning',
'ChildProcessError', 'ConnectionAbortedError', 'ConnectionError',
'ConnectionRefusedError', 'ConnectionResetError', 'DeprecationWarning',
'EOFError', 'Ellipsis', 'EnvironmentError', 'Exception', 'False',
'FileExistsError', 'FileNotFoundError', 'FloatingPointError',
'FutureWarning', 'GeneratorExit', 'IOError', 'ImportError', 'ImportWarning',
'IndentationError', 'IndexError', 'InterruptedError', 'IsADirectoryError',
'KeyError', 'KeyboardInterrupt', 'LookupError', 'MemoryError',
'ModuleNotFoundError', 'NameError', 'None', 'NotADirectoryError',
'NotImplemented', 'NotImplementedError', 'OSError', 'OverflowError',
'PendingDeprecationWarning', 'PermissionError', 'ProcessLookupError',
'RecursionError', 'ReferenceError', 'ResourceWarning', 'RuntimeError',
'RuntimeWarning', 'StopAsyncIteration', 'StopIteration', 'SyntaxError',
'SyntaxWarning', 'SystemError', 'SystemExit', 'TabError', 'TimeoutError',
'True', 'TypeError', 'UnboundLocalError', 'UnicodeDecodeError',
'UnicodeEncodeError', 'UnicodeError', 'UnicodeTranslateError',
'UnicodeWarning', 'UserWarning', 'ValueError', 'Warning', 'WindowsError',
'ZeroDivisionError', '__IPYTHON__', '__build_class__', '__debug__', '__
doc__', '__import__', '__loader__', '__name__', '__package__', '__spec__',
'abs', 'all', 'any', 'ascii', 'bin', 'bool', 'bytearray', 'bytes', 'callable',
'chr', 'classmethod', 'compile', 'complex', 'copyright', 'credits', 'delattr',
'dict', 'dir', 'display', 'divmod', 'enumerate', 'eval', 'exec', 'filter',
'float', 'format', 'frozenset', 'get_ipython', 'getattr', 'globals', 'hasattr',
'hash', 'help', 'hex', 'id', 'input', 'int', 'isinstance', 'issubclass', 'iter',
'len', 'license', 'list', 'locals', 'map', 'max', 'memoryview', 'min', 'next',
'object', 'oct', 'open', 'ord', 'pow', 'print', 'property', 'range', 'repr',
'reversed', 'round', 'set', 'setattr', 'slice', 'sorted', 'staticmethod',
'str', 'sum', 'super', 'tuple', 'type', 'vars', 'zip']
```

◇ 파이썬의 내장함수 살펴보기

파이썬의 내장함수를 다음 예제와 함께 살펴보겠습니다.

```
1   score = [55, 80, 11, 78, 47]
2   print(type(score))
3   print(len(score))
4   print(max(score))
5   print(min(score))
6   print(sum(score))
7   print(sorted(score))
8   print(score)

<class 'list'>
5
80
11
271
[11, 47, 55, 78, 80]
[55, 80, 11, 78, 47]
```

1행 리스트 score에 55, 80, 11, 78, 47을 저장한다.

2행 변수 score의 자료형을 출력한다.

3행 리스트 score의 길이, 즉 리스트 score가 포함하는 항목의 개수를 출력한다.

4행 리스트 score의 항목들에서 최댓값을 출력한다.

5행 리스트 score의 항목들에서 최솟값을 출력한다.

6행 리스트 score의 항목들에 대한 합을 출력한다.

7행 리스트 score의 항목들을 오름차순으로 정렬하여 출력한다.

8행 리스트 score의 기존 데이터는 변경되지 않았음을 확인한다.

파이썬의 내장함수는 우리가 프로그램을 작성할 때 좀 더 쉽게 작성할 수 있도록 도움을 주기 위한 것으로, 외울 필요는 없으며 필요할 때 찾아서 하는 것이 좋습니다.

개인적인 생각으로는, 다음 표에서 소개한 함수 중 type() 함수를 제외하고는 내장함수를 사용하지 않고! 내장함수의 도움 없이! 합계를 구하거나, 최대/최솟값을 구하는 등의 문제를 해결할 수 있는 것이 더 중요하다고 생각합니다. 특히 파이썬 프로그램을 시

작한 지 얼마 안 된 여러분에게는요~. ^^

함수	설명
sum(a)	a의 합계 반환
max(a)	a의 최댓값 반환
min(a)	a의 최솟값 반환
len(a)	a의 길이 반환
type(x)	x의 자료형 반환
abs(x)	x의 절대값 반환
pow(x, y)	x를 y만큼 거듭제곱한 값을 반환

더 알아보기

파이썬의 내장함수에 대한 더 많은 정보는 다음 링크를 참고해주세요~.
https://docs.python.org/3/library/functions.html

abs()	delattr()	hash()	memoryview()	set()
all()	dict()	help()	min()	setattr()
any()	dir()	hex()	next()	slice()
ascii()	divmod()	id()	object()	sorted()
bin()	enumerate()	input()	oct()	staticmethod()
bool()	eval()	int()	open()	str()
breakpoint()	exec()	isinstance()	ord()	sum()
bytearray()	filter()	issubclass()	pow()	super()
bytes()	float()	iter()	print()	tuple()
callable()	format()	len()	property()	type()
chr()	frozenset()	list()	range()	vars()
classmethod()	getattr()	locals()	repr()	zip()
compile()	globals()	map()	reversed()	__import__()
complex()	hasattr()	max()	round()	

사용자 정의 함수(User-Defined Functions)

함수는 프로그램에서 같은 코드가 반복될 경우 반복되는 명령어들을 블록으로 묶어 이름을 붙인 것으로, 필요할 때 함수 이름만 사용하여 함수 블록에 포함된 명령어들을 몇 번이고 재사용이 가능하도록 한 것입니다.

또한, 프로그램을 만들 때 함수를 사용함으로써 크고 복잡한 프로그램을 기능별로, 다른 말로 하면 좀 더 작은 단위로 나누어 관리할 수 있고, 프로그램의 복잡도를 낮출 수 있습니다.

앞서 살펴본 파이썬의 내장함수 외에 우리가 직접 필요한 함수를 만들어 사용할 수 있는데, 이를 사용자 정의 함수라고 합니다.

◇ 사용자 정의 함수의 구조

파이썬의 사용자 정의 함수는 def 키워드를 사용하여 함수를 정의하고, 들여쓰기로 함수가 수행할 문장을 구분합니다.

사용자 정의 함수는 헤드(head) 부분과 바디(body)인 블록(block) 부분으로 구성됩니다.

사용자 정의 함수의 헤드는 def 함수 이름(매개변수) 콜론(:)으로 작성합니다.

사용자 정의 함수의 블록은 들여쓰기를 이용하여 나타냅니다.

```
def 함수명(매개변수) :
    수행할 문장 1
    수행할 문장 2
       ⋮
    return 반환값
```
```
def hap(a, b) :
    res = a + b
    return res
```

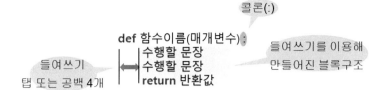

콜론(:)

def 함수이름(매개변수) :
　　　수행할 문장
　　　수행할 문장
　　　return 반환값

들여쓰기
탭 또는 공백 4개

들여쓰기를 이용해
만들어진 블록구조

앞의 함수의 경우, 함수의 이름은 hap이고, 입력으로 두 개의 값을 받으며, 결과값은 두 입력값을 더한 값입니다. 함수는 이와 같이 정의한 후 함수 호출을 통해 실행됩니다.

◇ 함수 정의와 함수 호출

함수 정의 부분	함수는 **def** 키워드를 사용해 정의　　함수 이름　　매개변수 : 함수의 입력, 함수에 전달된 값을 받는 변수 　　def hap(a, b) : 　　　　res = a+b 　　　　return res　함수를 호출한 곳으로 반환할 값
def	함수를 정의할 때 사용하는 키워드입니다.
함수 이름	사용자가 지정합니다. 함수명을 작성할 때의 주의사항은 변수명을 작성할 때의 주의사항과 같습니다. **함수 이름 뒤에는 매개변수가 있든 없든 반드시 괄호를 사용**합니다. 이는 함수와 변수를 구분하는 중요한 차이입니다.
매개변수	함수에 전달된 값을 받는 변수입니다. 함수의 입력값을 위한 변수로, 함수에 전달되는 값이 없는 경우 생략할 수 있습니다.
return	함수의 명령들을 수행한 후 함수를 호출한 곳으로 돌려줄 값을 지정하기 위한 키워드입니다. 만약 함수의 실행결과 반환할 값이 없을 경우 생략할 수 있습니다. 함수의 명령들을 수행 중 return을 만나면 이후 문장을 수행하지 않고 함수를 빠져나가게 됩니다. return 문의 기능 두 가지! 함수의 실행결과 값을 반환, 함수 종료

함수명 작성 시 주의사항(『Part 02. 변수와 자료형』의 "변수명 작성 시 주의사항"과 동일)

- 영문자 대소문자를 구분합니다.

- 함수명 첫 글자에 숫자를 사용할 수 없습니다.

- 함수명 사이에 빈칸을 포함할 수 없습니다.

- 언더바(_)를 제외한 특수문자를 사용할 수 없습니다.

- 키워드를 사용할 수 없습니다.

※ 키워드는 'print', 'input'과 같이 파이썬에서 특별한 의미로 사용하기 위해 약속된 단어로 예약어(reserved word)라고도 합니다.

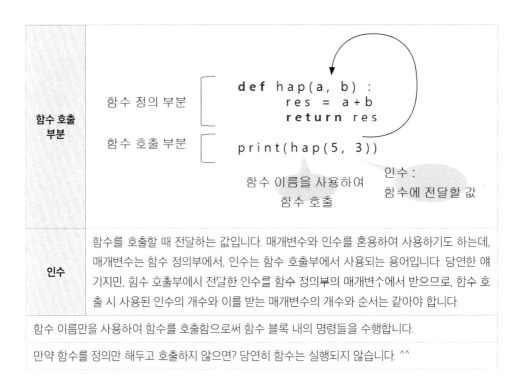

함수 호출 부분	(함수 정의 부분)
	`def hap(a, b) :`
	　`res = a + b`
	　`return res`
	
	(함수 호출 부분)
	`print(hap(5, 3))`
	함수 이름을 사용하여 함수 호출
	인수 : 함수에 전달할 값

인수	함수를 호출할 때 전달하는 값입니다. 매개변수와 인수를 혼용하여 사용하기도 하는데, 매개변수는 함수 정의부에서, 인수는 함수 호출부에서 사용되는 용어입니다. 당연한 얘기지만, 함수 호출부에서 전달한 인수를 함수 정의부의 매개변수에서 받으므로, 함수 호출 시 사용된 인수의 개수와 이를 받는 매개변수의 개수와 순서는 같아야 합니다.

함수 이름만을 사용하여 함수를 호출함으로써 함수 블록 내의 명령들을 수행합니다.

만약 함수를 정의만 해두고 호출하지 않으면? 당연히 함수는 실행되지 않습니다. ^^

◇ 함수를 정의한 후 호출한다

함수는 반드시 먼저 정의한 후 호출해야 합니다. 함수를 정의하기 전에 호출을 먼저 하면 오류가 발생합니다.

```
1   print(g(10, 5))
2   def g(a, b) :
3       return a*b


----------------------------------------------------------------
NameError                          Traceback (most recent call last)
<ipython-input-3-ae56d3638b66> in <module>()
-----> 1 print(g(10, 5))
      2 def g(a, b) :
      3     return a*b

NameError: name 'g' is not defined
```

파이썬이 프로그램을 해석할 때는 위에서 아래로 순차적으로 코드를 분석해나가는데, 예제와 같이 갑자기 g() 함수를 사용하면 g() 함수가 무엇인지 아직 알지 못하므로 오류를 발생시키는 것입니다. 꼭 기억하세요! 함수는 정의한 후 호출한다!

[예제 9-4]는 [예제 9-3]을 수정한 것입니다.

예제 9-4

```
1   def g(a, b) :
2       return a*b
3   print(g(10, 5))

50
```

1행 함수의 헤드부분으로 함수 이름은 g, 매개변수는 a, b 이다.

2행 함수 g()의 블록부분으로 a와 b의 곱을 반환한다.

3행 함수 g()를 호출한다. 인수 10, 5를 함수 g()에 전달(인수 10, 5를 함수 g()의 매개변수 a, b가 받음)한다.

◇ 매개변수 없는 함수, Hello 출력하는 함수

예제 9-5

```
1   def f() :
2       print("Hello")
3   f()
```

Hello

1행 함수를 정의하는 헤드부분으로 함수 이름은 f이고 매개변수는 없다(매개변수가 없어도 괄호는 꼭 사용해야 함).

2행 함수 f()의 바디 부분이다.

3행 함수 f()를 호출한다.

◇ 매개변수 있는 함수, 짝수/홀수 판단하는 함수

예제 9-6

```
1   def f(a) :
2       if a%2 == 0 :  print("짝수")
3       else : print("홀수")
4   n = int(input())
5   f(n)
```

6
짝수

1행 함수의 헤드부분으로 함수 이름은 f, 매개변수는 a이다.

2행~3행 함수의 블록부분으로, 변수 a를 2로 나눈 나머지가 0이면 "짝수"를 출력하고, 아니면 "홀수"를 출력한다.

5행 함수 f()를 호출한다. 변수 n의 값을 함수 f()에 전달(인수 n의 값을 매개변수 a가 받음)한다.

◇ 반환값 없는 함수, 1~n까지 합을 구하는 함수

예제 9-7

```
1   def f(a) :
2       res = 0
3       for i in range(1, a +1) :
4           res = res + i
5       print(res)
6   n = int(input())
7   f(n)


10
55
```

1행 함수의 헤드부분으로 함수 이름 f이고, 매개변수는 a이다.

2행~5행 함수의 바디부분으로 1부터 a까지 누적합을 구한 후 출력한다.

7행 함수 f()를 호출한다. 변수 n의 값을 함수 f()에 전달(인수 n의 값의 매개변수 a가 받음)한다.

◇ 반환값 있는 함수, n!(팩토리얼)을 구하는 함수

예제 9-8

```
1   def f(a) :
2       res = 1
3       for i in range(1, a +1) :
4           res = res * i
5       return res
6   n = int(input())
7   print(f(n))


5
120
```

1행 함수의 헤드부분으로 함수 이름은 f이고, 매개변수는 a이다.

2행~5행 함수의 바디부분으로 1부터 a까지 누적하여 곱을 구한 후 반환한다(중요!)

7행 함수 f()를 호출한다. 함수 f()의 반환값을 print() 함수가 받아서 출력한다(중요!)

◇ 반환값이 없는 경우와 반환값이 있는 경우의 차이

함수에서 return의 의미를 이해하지 못하는 경우 학생들이 자주 하는 실수가 있습니다.

함수의 반환값이 없는 경우 함수의 실행결과가 없으므로, 다시 말해 함수의 실행 후 함수를 호출한 곳으로 돌려줄 값이 없으므로 [예제 9-9]의 7행을 print(f(n)) 또는 hap=f(n)과 같이 작성할 수 없습니다.

예제 9-9

```
1   def f(a) :
2       res = 0
3       for i in range(1, a +1) :
4           res = res + i
5       print(res)
6   n = int(input())
7   print(f(n))


10
55
None
```

1행 함수의 헤드부분으로 함수 이름은 f이고, 매개변수는 a이다.

2행~5행 함수의 바디부분으로 1부터 a까지 누적합을 구한 후 출력한다.

7행 함수 f()를 호출한다. 인수 n을 함수 f()에 전달(인수 n의 값의 매개변수 a가 받음)

[예제 9-9]의 7행에서 f() 함수의 실행결과, 반환값이 없으므로 print() 함수가 출력할 내용이 없기 때문에 None이 출력되었습니다.

[예제 9-7], [예제 9-8], [예제 9-9]를 비교해보며, 함수에서 return의 기능을 이해해보시기 바랍니다.

return의 기능에 대해 다시 한번 강조합니다.

return 의 기능

- 함수의 명령들을 수행한 후 **함수를 호출한 곳으로 돌려줄 값을 지정**하기 위한 키워드입니다.
- 함수의 실행 결과 반환할 값이 없을 경우 생략할 수 있습니다.
- 함수의 명령들을 수행하던 중 return을 만나면 이후 문장을 수행하지 않고 함수를 빠져나갑니다.
- return 문의 기능 두 가지! 함수의 실행 결과 값을 **반환**! 함수 **종료**!

◇ 직사각형의 넓이 구하기

실습

직사각형의 넓이를 계산해주는 프로그램을 작성하세요. 이때, 직사각형 넓이는 구하는 함수를 정의하여 사용합니다.

주어진 문제를 해결하기 위해 함수를 활용할 때, 다음과 같이 함수를 설계하는 것이 좋습니다.

함수 설계	
함수의 기능과 함수 이름	먼저 무엇을 함수로 만들 것인지 함수의 기능을 정의하고, 함수의 이름을 결정합니다.
매개변수	그리고 함수를 호출하는 곳에서 함수에 전달해줄 값이 있는지, 함수의 입력으로 필요한 값이 무엇인지, 있다면 몇 개인지 등 매개변수에 대한 내용을 결정합니다.
반환값	마지막으로 함수의 실행결과(함수를 호출한 곳으로 돌려줄 값)인 반환값에 대한 내용을 결정합니다.

이를 바탕으로 직사각형의 넓이를 구하는 함수를 설계해봅니다.

"직사각형의 넓이 구하기" 함수 설계	
함수의 기능	직사각형의 넓이를 구한다.
함수의 이름	area
함수의 매개변수	두 자연수(가로, 세로)
함수의 반환값	직사각형의 넓이(두 수의 곱)

예제 9-10

```
1  def area(a, b) :
2      return a *b
3  w = int(input())
4  h = int(input())
5  print("직사각형의 넓이는", area(w, h), "입니다.")


5
3
직사각형의 넓이는 15 입니다.
```

1행 함수 이름은 area이고, 매개변수는 a, b이다.

2행 a, b의 곱을 반환한다.

5행 area() 함수의 결과를 이용하여 출력한다.

4 전역변수와 지역변수

　전역변수는 프로그램 어디서나 사용할 수 있는 변수로, 전역 범위(Global Scope)를 갖습니다. 지역변수는 함수 내부에서 만들어진 변수로, 해당 함수 내에서만 사용할 수 있는 지역 범위(Local Scope)를 갖습니다.

전역변수와 지역변수

　[예제 9-11]을 통해 전역변수와 지역변수에 대해 살펴보겠습니다. 2행의 res는 함수 f()내에서 만들어졌으므로(정의되었으므로) 지역변수입니다. 지역변수는 해당 함수 내에서만 사용할 수 있으므로, 8행에서와 같이 함수 외부에서 사용할 수 없습니다.

```
1   def f(a) :
2       res = 0
3       for i in range(1, a +1) :
4           res = res + i
5       return res
6   n = int(input())
7   print(f(n))
8   print(res)
```

```
10
55
```

```
-----------------------------------------------------------------------
NameError                              Traceback (most recent call last)
<ipython-input-5-470385802b99> in <module>()
      6 n = int(input())
      7 print(f(n))
-----> 8 print(res)

NameError: name 'res' is not defined
```

[예제 9-12]는 [예제 9-11]을 조금 수정했습니다. 잘 살펴보시면 함수 f()에서 매개변수가 사용되지 않음을 확인할 수 있습니다. f() 함수를 호출할 때, 인수도 사용되지 않았습니다. 그러나 프로그램은 오류 없이 결과를 출력하고 있습니다. 이는 6행의 n이 함수 밖에서 정의된 전역변수로 프로그램 전역에서 사용할 수 있으므로, f() 함수 내에서 n의 값을 사용하고 있는 것입니다.

```
1   def f() :
2       res = 0
3       for i in range(1, n +1) :
4           res = res + i
5       return res
6   n = int(input())
7   print(f())
```

```
10
55
```

◇ 같은 이름의 변수가 함수 안팎에?

예제를 하나 더 살펴보겠습니다.

```
def f() :
    res = a * a    ------------  (가)
    return res    ------------  (나)
a = int(input())
res = 0
print(f())
print(res)    ------------  (다)
```

전역변수와 지역변수를 구분해볼까요?

구분	변수 이름	전역변수 vs 지역변수
(가)	a	
(나)	res	
(다)	res	

(가) 위치의 변수 a는 함수 밖 4행에서 만들어졌으므로 전역변수이고, 전역변수는 프로그램 전체에서 사용할 수 있으므로 f() 함수에서 사용되었습니다.

(나)와 (다) 위치의 res 변수의 이름이 같아서 구분하기가 쉽진 않죠?

먼저 (나) 위치의 res 변수는 바로 위의 행 res = a*a에 의해 만들어진 지역변수입니다. 다시 되새기면 지역변수는 함수 내부에서 정의된 변수로, 함수가 실행될 때 만들어지고 함수가 끝나면 사라집니다. 함수 외부에 같은 이름의 변수가 있다 하더라도 이는 지역변수와 무관합니다.

(다) 위치의 res 변수는 5행에서 정의된 전역변수입니다. 위 예제와 같이 특정 함수 내에서 전역변수와 같은 이름의 변수에 값이 대입될 경우, 전역변수의 값을 변경하지 않고! 해당 함수 내에서만 유효한 지역변수가 새로이 만들어지게 됩니다.

그럼 [예제 9-13]의 입력이 10일 경우에 출력이 무엇일지 생각해보세요~!

```
1   def f() :
2       res = a * a
3       return res
4   a = int(input())
5   res = 0
6   print(f())
7   print(res)

10
100
0
```

좀 복잡해 보이지만 찬찬히 생각해보며 이해하셨으면 좋겠네요.

이제 아래와 같은 질문이 들 수 있을 것입니다.

"그럼… f( ) 함수에서 전역변수 res의 값을 변경해야 할 경우에는 어떻게 하죠?"

이런 질문이 생각난다면 함수의 전역변수와 지역변수의 개념을 매우 잘 이해하고 있는 것입니다.

전역변수의 값을 함수 내에서 변경하지 않고 사용하는 것은 가능하지만, 전역변수의 값을 함수 내에서 변경하기 위해 변수에 값을 대입하면 같은 이름의 지역변수가 만들어지게 됩니다.

이어서 global 문을 보시죠~.

◇ global 문, 함수에서 전역변수의 값 변경

함수 내에서 전역변수의 값을 변경할 때 global 문을 사용합니다. global 문을 사용하지 않으면 전역변수의 값을 변경하려고 할 때 같은 이름의 지역변수가 만들어지게 됩니다.

예제 9-14

```
1    a = 100
2    def f(a) :
3        print("함수 내", a)
4        a = 50
5        print("함수 내 변경", a)
6    f(a)
7    print("함수 밖", a)
```

함수 내 [   ]
함수 내 변경 [   ]
함수 밖 [   ]

1행 전역변수 a에 100을 할당한다.

2행 함수 이름 f, 매개변수 a / 함수 호출 부분의 인수와 이름이 같지만, 이름만 같을 뿐 다름, f() 함수의 매개변수로 사용된 함수 내에서만 사용되는 지역변수

3행 매개변수(지역변수) a가 전달받은(6행의 인수로부터) 값을 출력한다.

4행 지역변수 a에 50을 대입한다.

5행 지역변수 a의 값을 출력한다.

6행 f() 함수를 호출한다. 인수는 a이다. 전역변수 a에 저장된 값을 f() 함수에 전달한다.

7행 전역변수 a의 값을 출력한다.[15]

프로그램 실행 순서

1행 - 6행 - 2행~5행 - 7행

---

[15] 출력결과:
   함수 내 100
   함수 내 변경 50
   함수 밖 100

[예제 9-15]는 global 문을 사용하였습니다.

지역변수와 전역변수에 대해 이해할 수 있도록 어떤 차이가 있는지 살펴보시기 바랍니다.

예제 9-15

```
1   a = 100
2   def f() :
3       global a
4       print("함수 내", a)
5       a = 50
6       print("함수 내 변경", a)
7   f()
8   print("함수 밖", a)
```

함수 내 ☐
함수 내 변경 ☐
함수 밖 ☐

1행 전역변수 a에 100을 할당한다.

2행 함수 이름 f, 매개변수 없음

3행 global 문을 사용하여 함수 f() 내에서 전역변수 a의 값을 변경 가능하도록 함

3행 전역변수 a의 값을 출력한다.

4행 전역변수 a에 50을 대입한다.

5행 전역변수 a의 값을 출력한다.

6행 f() 함수를 호출, 인수 없음.

7행 전역변수 a의 값을 출력한다.[16]

프로그램 실행 순서

1행 - 7행 - 2행~6행 - 8행

---

16 출력결과:
함수 내 100
함수 내 변경 50
함수 밖 50

다음의 [예제 9-16]과 [예제 9-17]은 전역변수에 대해 더욱 깊이 알아보기 위한 것입니다.

예제 9-16

```
1   def f() :
2       print(a)
3       #a = a + 1
4       res = a * a
5       return res
6   a = 5
7   print(f())

5
25
```

[예제 9-16]의 3행은 [예제 9-17]과의 비교를 위해 주석처리를 하였습니다.
함께 비교해보시죠.

예제 9-17

```
1   def f() :
2       print(a)
3       a = a + 1
4       res = a * a
5       return res
6   a = 5
7   print(f())

----------------------------------------------------------------------
UnboundLocalError                        Traceback (most recent call last)
<ipython-input-7-39a119d9f594> in <module>()
      5     return res
      6 a = 5
----> 7 print(f())

<ipython-input-7-39a119d9f594> in f()
      1 def f() :
----> 2     print(a)
      3     a = a + 1
      4     res = a * a
      5     return res

UnboundLocalError: local variable 'a' referenced before assignment
```

[예제 9-17]에서 오류가 발생한 위치를 살펴볼게요.

오류가 발생한 위치가 3행이 아니라 2행입니다. [예제 9-17]에서 추가된 코드는 3행인데 오류는 2행에서 발생했습니다.

이 부분은 조금 설명이 필요한데요,

파이썬은 프로그램의 코드를 순서대로 실행하기 전에 모든 해석이 이루어집니다. 이때, 함수 f()에서 변수 a는 지역변수로 정해집니다. 변수 a에 값을 할당하기 전에 출력문에서 사용되었으므로 2행에서 오류가 발생하였습니다.

조금 난해하죠?

그래서 권장하는 방법은 "전역변수를 함수 내에서 변경하지 않는다!"입니다. 전역변수를 함수 내에서 변경해야 할 경우 매개변수로 전달하고, return 문으로 반환하여 처리할 것을 권장합니다.

Part 10.

모듈(Module)

모듈이란?

◇ 모듈, 패키지

모듈은 프로그램을 작성할 때 필요한 기능들을 미리 만들어두고 필요에 따라서 불러와 사용할 수 있도록 한 것으로, 보통 하나의 파이썬 파일(확장자 ".py")이 하나의 모듈이 됩니다. 모듈은 변수, 함수, 클래스들을 포함할 수 있습니다. 모든 파이썬의 파일(.py)은 모듈이라고 볼 수 있습니다.

패키지는 특정 기능과 관련된 모듈들을 묶어 디렉토리별로 분류한 것으로, 모듈을 사용하기 좋은 형태로 조직화(계층화)한 것이라고 볼 수 있습니다.

◇ 표준 모듈

파이썬의 표준 모듈은 파이썬 배포판에 포함되어 파이썬을 설치할 때 함께 설치되는 모듈입니다.

파이썬의 내장함수와 표준 모듈을 파이썬의 표준 라이브러리(Python Standard Library, PSL)리고 부릅니다.

모듈, 패키지, 라이브러리가 무엇인지 명확하게 구분하는 것보다 이들을 효율적으로 잘 활용하는 것이 중요하니, 용어와 그 의미를 구분하기 위해 너무 애쓰지 않으셔도 됩니다. ^^

앞으로 다룰 파이썬의 모듈에 대한 간략한 설명입니다.

모듈명	설명
csv	CSV 파일을 읽고 쓰는 기능을 제공
random	랜덤한 수를 생성하는 기능을 제공
urllib	URL을 처리하는 기능을 제공
math	수학 함수 제공

파이썬의 표준 모듈은 매우 광범위하므로 다음 링크를 참고해주세요.
https://docs.python.org/ko/3/tutorial/modules.html
https://docs.python.org/ko/3/library/index.html

◇ 외부 모듈(패키지) 설치 방법

파이썬에서 기본적으로 제공하지 않는 모듈(패키지)은 추가로 설치하여 사용할 수 있습니다. 모든 파이썬 패키지는 공식 패키지 서버인 PyPI 서버(https://pypi.org)에 등록되어 있어 매우 간단한 명령어만으로 모듈(패키지)을 쉽게 설치할 수 있습니다.

pip install 패키지명

그러나 필요한 패키지들을 우후죽순으로 설치할 경우 모듈 간 충돌 등의 문제가 발생할 수 있으므로 주의가 필요합니다.

우리가 사용하는 아나콘다(Anaconda)는 파이썬을 포함한 유용한 패키지들을 포함하고 있는 통합 패키지로 패키지 간 충돌 문제를 방지할 수 있습니다.

아나콘다는 PyPI가 아닌 독자적인 패키지 서버를 운영하므로 패키지를 설치하는 방법이 조금 다릅니다. 먼저 아나콘다에 설치된 패키지 목록을 살펴본 후 설치 방법을 알아보겠습니다.

아나콘다에 설치된 패키지 목록 살펴보기

Anaconda Prompt를 실행합니다.

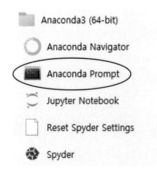

Anaconda Prompt에서 conda list 명령어를 사용합니다.

```
(base) C:\Users\hakin>conda list
# packages in environment at C:\ProgramData\Anaconda3:
#
# Name                    Version                   Build  Channel
_ipyw_jlab_nb_ext_conf    0.1.0             py36he6757f0_0
alabaster                 0.7.10            py36hcd07829_0
anaconda                  5.2.0                     py36_3
anaconda-client           1.6.14                    py36_0
anaconda-navigator        1.8.7                     py36_0
anaconda-project          0.8.2             py36hfad2e28_0
asn1crypto                0.24.0                    py36_0
astroid                   1.6.3                     py36_0
astropy                   3.0.2             py36h452e1ab_1
attrs                     18.1.0                    py36_0
babel                     2.5.3                     py36_0
backcall                  0.1.0                     py36_0
backports                 1.0               py36h81696a8_1
backports.shutil_get_terminal_size 1.0.0         py36h79ab834_2
beautifulsoup4            4.6.0             py36hd4cc5e8_1
bitarray                  0.8.1             py36hfa6e2cd_1
  ⋮
```

아나콘다에서 추가로 패키지 설치하기(conda를 이용한 패키지 설치)

먼저 Anaconda Prompt를 실행합니다.

Anaconda Prompt에서 conda install 패키지명 명령어를 사용합니다.

conda install 패키지명

```
(base) C:\Users\hakin>conda install flake8
Solving environment: done

## Package Plan ##

  environment location: C:\ProgramData\Anaconda3

  added / updated specs:
    - flake8



The following packages will be downloaded:

    package                    |              build
    ---------------------------|-------------------
    certifi-2018.8.24          |            py36_1         140 KB
    pycodestyle-2.3.1          |    py36h7cc55cd_0          73 KB
    flake8-3.5.0               |            py36_1         165 KB
    openssl-1.0.2p             |        hfa6e2cd_0         5.4 MB
    conda-4.5.11               |            py36_0         1.0 MB
    ---------------------------------------------------------------
                                            Total:         6.8 MB

The following NEW packages will be INSTALLED:

    flake8:       3.5.0-py36_1
```

Anaconda Prompt에서 'conda install flake8' 명령어를 이용해 flake8 패키지를 설치하였습니다. 아나콘다에서 추가로 패키지를 설치하는 방법을 보여주기 위한 예시로, 다른 패키지를 설치하고자 할 때는 패키지 이름만 변경하여 설치합니다.

모듈 사용 방법

◇ **import 모듈명**

파이썬에서 모듈을 사용하기 위해서는 다음과 같이 모듈을 import하여 한 개 이상의 모듈을 가져올 수 있습니다. 모듈을 여러 개 불러들일 때는 모듈을 콤마로 구분합니다.

import 모듈명1, 모듈명2···

```
import turtle
import math, csv
```

math 모듈에 정의된 함수에 접근하기 위해서는 모듈 이름과 함수(변수) 이름을 점으로 연결하는 점 표기법을 사용합니다.

"모듈.함수명( )", "모듈.변수명"

예제 10-1

```
1   import math
2   print(math.pi)
3   print(math.factorial(5))
```

```
3.141592653589793
120
```

1행 모듈 math를 불러온다.

2행 모듈 math에 정의된 변수 pi의 값을 불러와 출력한다.

3행 모듈 math에 정의된 함수 factorial()을 불러와 5!의 결과를 출력한다.

◇ from 모듈명 import 함수명/변수명

모듈에 정의된 여러 함수 중에서 특정 함수만 불러와 사용하는 방법은 다음과 같습니다. 함수를 여러 개 불러들일 때는 사용할 함수들을 콤마로 구분하여 나열합니다.

```
from 모듈명 import 함수명1, 함수명2…
```

```
from bs4 import BeautifulSoup
from math import factorial, log
from math import *
```

"from 모듈명 import *"은 모듈에 정의된 모든 함수를 가져옵니다. asterisk(*)는 모든 것이라는 의미로 사용됩니다.

"from ~ import ~" 형식으로 모듈을 import한 경우, 모듈에 정의된 함수와 변수 등을 사용할 때는 "모듈명.함수명( )"이나 "모듈명.변수명"을 사용하지 않고 "함수명( )"이나 "변수명"만을 사용합니다.

예제 10-2

```
1    from math import *
2    print(pi)
3    print(factorial(5))
4    pi = 10
5    print(pi)

3.141592653589793
120
10
```

1행 모듈 math에 정의된 변수 pi와 함수 factorial()을 불러온다.

2행 모듈 math에 정의된 변수 pi의 값을 불러와 출력한다.

3행 모듈 math에 정의된 함수 factorial()을 불러와 5!의 결과를 출력한다.

4행 변수 pi에 10을 대입한다.

5행 변수 pi의 값을 출력한다.

앞에서 언급했듯이 "from ~ import ~" 형식은 모듈에 정의된 함수와 변수 등을 사용할 때 "모듈명.함수명( )", "모듈명.변수명"이 아닌 "함수명( )", "변수명"만을 사용하므로 좀 더 편리하게 모듈에 정의된 함수를 불러와 사용할 수 있으나 충돌 문제, 예를 들어 math에 정의된 변수 pi의 값을 덮어쓰는 것과 같은 문제가 발생할 수 있습니다. 그러므로 키워드 간 충돌을 피하고 프로그램을 좀 더 읽기 쉽게 작성하려면 "from ~ import ~" 형식보다는 "impot 모듈명" 형식을 사용하기를 권장하는 편입니다.

그러나 모듈명을 생략하고 함수명만을 사용하여 모듈에 정의된 함수를 불러와 사용하는 간편성 때문에 종종 사용되는 방법입니다. 문제가 발생할 수 있음을 인지하고 필요에 따라 적절한 방법을 사용하시길 바랍니다. ^^

◇ 패키지 사용

패키지는 모듈을 디렉토리 형태로 계층화한 것으로 패키지의 모듈을 불러와 사용하는 방법은 다음과 같습니다.

```
import 패키지명.모듈명
from 패키지명.모듈명 import 함수(변수)명
```
```
import matplotlib.pyplot
from matplotlib.pyplot import *
```

◇ 별명 사용

패키지나 모듈, 함수 등의 이름이 길거나, 어떤 필요에 따라 별명(Alias)을 지정하는 방법은 다음과 같습니다.

```
import [패키지명.]모듈명 as 별명
from [패키지명.]모듈명 import 함수(변수)명 as 별명
```
```
import matplotlib.pyplot as plt
from math import factorial as f
```

예제 10-3

```
1   from math import factorial as f
2   print(f(5))
```

```
120
```

1행 모듈 math에 정의된 함수 factorial()을 불러와 별명을 f라고 붙인다.

2행 f는 math.factorial()을 의미하므로 5!의 결과를 출력한다.

math, matplotlib에 대해서는 바로 이어서 다룹니다.

별명을 붙인 모듈을 사용하는 방법을 살펴봐주세요.

예제 10-4

```
1   import matplotlib.pyplot as plt
2   x = range(1, 11)
3   y = [i * i for i in x]
4   plt.plot(x, y)
5   plt.show()
```

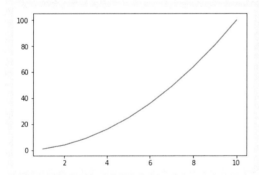

1행 패키지 matplotlib의 모듈 pyplot을 불러와 별명 plt를 붙인다.

4행 plt는 matplotlib.pyplot을 의미하므로 모듈 pyplot에 정의된 plot()을 실행한다.

math 모듈

math 모듈은 수학과 관련한 함수를 미리 정의해둔 모듈입니다.
대표적인 함수(상수)들은 다음과 같습니다.

함수(상수)	설명
pi	원주율(π = 3.141592)
e	자연 상수(e), e = 2.718281
factorial(x)	x!
gcd(a, b)	a와 b의 최대공약수
log(x[, base])	x의 로그
pow(x, y)	x^y
sqrt(x)	x의 제곱근
cos(x)	x의 cos 반환, x는 라디안으로 나타낸다.
sin(x)	x의 sin 반환, x는 라디안으로 나타낸다.
radians(x)	각도 x를 라디안으로 변환

math 모듈에 정의된 내용은 다음 링크를 참고해주세요~.

https://docs.python.org/3/library/math.html

◇ 삼각함수표

다음 예제는 각도를 라디안으로 변환하여 사인, 코사인 삼각함수에 넣어서 값을 출력
하기 위한 프로그램입니다. 삼각함수의 인수는 라디안 단위입니다.

[예제 10-5]는 각도 0도에서 360도까지 삼각함수 값을 표처럼 출력하는 프로그램입니다. 각도는 45도 단위의 간격입니다.

예제 10-5

```
1    import math
2    print('%3s %6s %6s' %('X', 'sinX', 'cosX'))
3    for i in range(0, 361, 45) :
4        r = math.radians(i)
5        s = math.sin(r)
6        c = math.cos(r)
7        print('%3d %6.2f %6.2f' %(i, s, c))


  X    sinX    cosX
  0    0.00    1.00
 45    0.71    0.71
 90    1.00    0.00
135    0.71   -0.71
180    0.00   -1.00
225   -0.71   -0.71
270   -1.00   -0.00
315   -0.71    0.71
360   -0.00    1.00
```

1행 모듈 math를 가져온다.

2행 삼각함수표의 제목행을 위한 출력이다.

3행 for문을 이용하여 각도를 0도부터 360도까지 45도 간격으로 발생시킨다.

4행 각도 i를 라디안으로 변환하여 r에 대입한다.

5행 라디안 r에 대한 사인값을 변수 s에 대입한다.

6행 라디안 r에 대한 코사인값을 변수 c에 대입한다.

7행 각도 i에 대한 사인값, 코사인값을 출력한다.

삼각함수, 사인, 코사인… 머리가 아프다면 이 코드를 이해하실 필요는 없고, math 모듈을 사용하는 방법에 주목해서 살펴보시기 바랍니다.

maplotlib.pyplot 모듈

matplotlib은 파이썬에서 그래프를 그릴 때 가장 많이 사용하는 라이브러리로, 시각화와 관련된 여러 모듈을 모아둔 패키지입니다. pyplot은 matplotlib 패키지에 포함된 모듈입니다.

패키지는 모듈을 디렉토리 형태로 계층화한 것이므로 matplotlib 패키지의 pyplot 모듈을 불러와 사용하는 방법은 다음과 같습니다.

import matplotlib.pyplot

위 방법대로 import 할 경우 너무 길어서 보통은 다음과 같이 별명을 사용하여 import 합니다.

import matplotlib.pyplot as plt

matplotlib.pyplot 모듈의 대표적인 함수는 다음과 같습니다.

여기서 그래프를 그릴 때 꼭 필요한 것은 plot() 함수와 show() 함수이고 나머지는 선택적으로 사용하시면 됩니다.

제가 늘 강조하지만, 이 많은 것을 절대 외우려 하지 마시고, 필요할 때 찾아보세요.

함수	설명
plot(a, b)	좌표 (a, b)에 대한 값들을 서로 연결해서 라인 형태의 그래프를 그린다. a: x축에 표시하고자 하는 숫자의 리스트, x축 데이터 b: y축에 표시하고자 하는 숫자의 리스트, y축 데이터
plot(a)	인수가 한 개일 경우 y축의 값, x축의 값은 0부터 자동 생성
plot(a, b, marker="o") plot(a, b, "o")	좌표 (a, b)에 대한 값을 o과 같은 모양의 작은 점으로 표시
plot(a, b, color="r") plot(a, b, "r")	좌표 (a, b)에 대한 색을 빨간색(red)으로 표시
plot(a, b, "bs")	파란색(blue), 사각형(square) 모양으로 좌표(a, b)를 표현
plot(a, b, p, q)	여러 개의 line plot을 동시에 그린다.
plot(a, b, label="그래프1") plot(p, q, label="그래프2")	그래프에 대한 범례 라벨을 지정
show()	필수, 그래프 출력(표시)
figure(figsize=(6, 4))	윈도우(figure) 크기 결정(비율), 그래프는 figure 내에 존재
title("그래프 제목")	그래프 제목
xlabel("x축 제목")	x축 제목
ylabel("y축 제목")	y축 제목
grid()	그리드(눈금) 적용
legend() legend(["그래프1", "그래프2"])	범례(legend) 표시 여러 개의 그래프를 그릴 경우, 그래프마다 레벨을 붙여 표시하는 것을 범례(legend)라고 한다.
subplot(2, 2, 3)	하나의 윈도우(figure)에 여러 개의 그래프를 배열 형태로 만든다. (2, 2, 2)는 (row, column, position)으로 2×2 배열에서 3번째 위치의 subplot을 의미한다. subplot(2,2,1)　subplot(2,2,2) subplot(2,2,3)　subplot(2,2,4)
axis([0, 6, 0, 20])	화면에 표시할 축의 최댓값과 최솟값을 지정 ([0, 6, 0, 20])은 [xmin, xmax, ymin, ymax]으로 x축의 최소/최댓값, y축의 최소/최댓값
xticks(a, xlabel) yticks(b, ylabel)	matplotlib에서 축의 눈금을 tick이라 한다. x축의 눈금에 씌어질 숫자나 글자를 xlabel로 지정함
savefig("C:\graph.png")	그래프를 지정한 경로에 ("C:\graph.png") 저장한다. 파일명만 작성시 프로그램 파일과 같은 위치에 저장됨.
bar(a, b)	막대(bar) 형태 그래프를 그린다.
scatter()	산점도 형태 그래프를 그린다.

색깔, 마커, 선 종류를 지정할 때, 색깔, 마커, 선 순서로 지정하고, 이 중 일부가 생략되면 디폴트값이 적용됩니다.

- 색깔(color): 색 이름 또는 약자, RGB코드를 사용합니다.

색상 문자열	약자	색상 문자열	약자
blue	b	magenta	m
green	g	yellow	y
red	r	black	k
cyan	c	white	w

- 마커(marker): 데이터 위치를 나타내는 기호를 마커라고 합니다.

마커 문자열	의미	마커 문자열	의미
o	circle	*	star
v	triangle_down	h	hexagon
^	triangle_up	+	plus
s	squar	x	x
p	pentagon	d	diamond

- 선 스타일(line style): 실선(solid), 대시선(dashed), 점선(dotted), 대시-점선(dash-dot)이 있습니다.

선 스타일 문자열	의미
-	solid line
--	dashed line
-.	dash-dot line
:	dotted

matplotlib.pyplot 모듈에 정의된 내용은 다음 링크를 참고해주세요~.
http://matplotlib.org/1.3.1/users/pyplot_tutorial.html

◇ 간단한 그래프

```
1    import matplotlib.pyplot as plt
2    a = range(1, 11)
3    b = [i * i for i in a]
4    plt.plot(a, b)
5    plt.show()
```

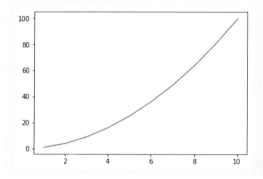

1행 패키지 matplotlib의 모듈 pyplot을 불러와 별명 plt를 붙인다.

2행 range() 함수를 사용해 1~10까지 정수 리스트를 만들고 변수 a에 저장한다.

3행 리스트 a에 저장된 1~10까지 순회하며 각 항목을 i에 대입하고 i*i를 구하여 이 값들에 대한 리스트를 만들어 변수 b에 저장한다. b=[1, 4, 9 ⋯ 100]

```
b = []
for i in a :
    b.append(i*i)
```
이 코드와 같다.

4행 plt는 matplotlib.pyplot을 의미하므로 모듈 pyplot에 정의된 **plot()**을 실행한다. 좌표 (a, b)의 각 값을 연결하는 라인 그래프를 그린다.

(1, 1), (2, 4), (3, 9) ⋯ (10, 100)을 연결하는 그래프! 리스트 a와 리스트 b의 길이(항목의 개수)는 반드시 같아야 한다는 점에 주의!

5행 그래프를 출력한다. show() 함수를 사용하지 않으면 그래프를 표시할 수 없다.

그래프를 이루는 점들만 잘 정의하여 리스트로 만들면 그래프를 그리는 것은 매우 쉽죠?

plot() 함수로 그래프 정보를 만들고, show() 함수로 그래프를 출력합니다!

◇ 그래프 꾸미기(그래프 제목, 축 라벨, 범례, 그리드 등)

<table>
<tr><td colspan="2" align="center">예제 10-7</td></tr>
<tr><td>

```
1   import matplotlib.pyplot as plt
2   a = range(1, 11)
3   b = [i*i for i in a]
4   c = [2*i*i for i in a]
5   plt.plot(a, b, label="Graph 1")
6   plt.plot(a, c, label="Graph 2")
7   plt.title("Graph")
8   plt.xlabel("x")
9   plt.ylabel("y")
10  plt.legend()
11  plt.grid()
12  plt.axis([1, 10, 1, 200])
13  plt.savefig("graph.png")
14  plt.show()
```

</td></tr>
</table>

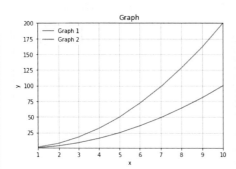

1행 패키지 matplotlib의 모듈 pyplot을 불러와 별명 plt를 붙인다.

2행 range() 함수를 사용해 1~10까지 정수 리스트를 만들고 변수 a에 저장한다.

3행 리스트 a에 저장된 1~10을 순회하며 각 항목을 i에 대입하고 i*i를 구하여 이 값들에 대한 리스트를 만들어 변수 b에 저장한다. b=[1, 4, 9 ⋯ 100]

4행 리스트 a에 저장된 1~10을 순회하며 각 항목을 i에 대입하고 2*i*i를 구하여 이 값들에 대한 리스트를 만들어 변수 c에 저장한다. c=[2, 8, 18 ⋯ 200]

```
c = []
for i in a :
    c.append(2*i*i)
```
이 코드와 같다.

5행 좌표(a, b)의 각 값을 연결하는 라인 그래프를 그린다. 범례 라벨을 "Graph 1"로 지정한다.

6행 좌표(a, c)의 각 값을 연결하는 라인 그래프를 그린다. 범례 라벨을 "Graph 2"로 지정한다.

7행 그래프의 제목을 "Graph"로 지정한다.

8행 x축의 라벨을 "x"로 지정한다.

9행 y축의 라벨을 "y"로 지정한다.

10행 범례를 표시한다.

11행 그리드를 표시한다.

12행 x축은 1~10까지 표시하고, y축은 1~200까지 표시한다.

13행 그래프를 "graph.png"로 저장한다.

14행 그래프를 출력한다. show( ) 함수를 사용하지 않으면 그래프를 표시할 수 없다.

Part 11.

파일 입출력

파일 입출력, 파일의 데이터를 읽고 파일에 데이터를 쓰기

지금까지는 데이터 입출력 시 사용자가 키보드로 직접 입력한 데이터를 읽어들이는 표준 입력 방법과 모니터를 통해 데이터를 출력하는 표준 출력 방법을 사용했습니다. 이 데이터는 일시적으로 사용되므로 프로그램이 종료될 때에 사라지게 됩니다.

이번 챕터에서는 프로그램에서 생성된 데이터를 파일에 저장하거나, 파일의 데이터를 프로그램으로 읽어오는 방법에 대해 알아보겠습니다.

파이썬에서 파일을 사용하는 순서(과정)는 다음과 같습니다.

```
파일 열기
 - 파일 객체 생성
   open() 함수
```
↓
```
파일 읽기/쓰기
 - 파일의 데이터 읽어 오기
   read(), readlines() 함수
 - 파일에 데이터 저장하기
   write(), writelines() 함수
```
↓
```
파일 닫기
 - close() 함수
```

◇ 파일 열기

파일의 내용을 프로그램에서 사용하거나, 프로그램에서 생성된 데이터를 파일에 저장하기 위해서는 먼저 open() 함수를 사용하여 파일 객체를 생성해야 합니다. 이 과정은 파일 열기라고 합니다.

open() 함수의 기본 형식은 다음과 같습니다.

```
변수 = open(파일명, 모드)
--------------------------------------------------------------
f = open ("lyrics.txt", "r")
```

open() 함수는 프로그램에서 사용할 "파일명"과, 해당 파일이 프로그램에서 어떻게 사용될지 지정하는 "모드"를 인수로 사용합니다. 여기서 "모드"는 "파일 열기 모드"라고도 하며 생략할 경우 읽기 모드로 파일을 열게 됩니다.

사용된 코드 "f = open("lyrics.txt", "r")"는 프로그램 내에서 파일 "lyrics.txt"를 "읽기 모드"로 사용하는 "파일 객체 f"를 생성하는 명령문입니다.

파일 객체(파일 설명자, 파일 핸들러라고도 함)는 파일에 대한 정보를 가지고 있습니다. 파일 객체를 이용하여 파일의 데이터를 읽어오거나, 파일에 데이터를 저장합니다.

파일을 열 때 사용되는 "모드"는 다음과 같습니다.

파일 열기 모드		설명
"r"(기본값)	읽기 모드	파일을 읽기 용도로 열 때 사용
"w"	쓰기 모드	쓰기 용도로 새로운 파일을 열 때 사용
"a"	추가 모드(이어쓰기)	파일의 끝에 데이터를 추가하는 용도로 열 때 사용

파일을 쓰기 모드 "w"로 열게 되면 해당 파일이 이미 존재할 경우 원래 있던(이전) 내용이 모두 사라지고, 해당 파일이 존재하지 않으면 새로운 파일이 생성됩니다. 원래 있던(이전) 내용에 이어쓰고자 할 때는 파일 열기 모드를 "a"를 사용합니다.

cp949: 인코딩 오류

cp949는 code page 949를 의미하며 한글 윈도에서 사용하는 인코딩 중 하나로 한글을 지원하는 문자 집합의 이름입니다.

cp949와 관련된 오류가 [예제 11-1]과 같이 발생했을 때 해결방법은 [예제 11-2]와 같이 파일을 열 때 인코딩을 추가해주면 쉽게 해결할 수 있습니다.

> 오류 메시지
> 'cp949' codec can't decode byte 0xed in position 6: illegal multibyte sequence

인코딩과 관련한 오류

예제 11-1

```
1   f = open("lyrics_utf8.txt")
2   lyrics = f.read()
3   print(lyrics)
```

```
---------------------------------------------------------------
UnicodeDecodeError                      Traceback (most recent call last)
<ipython-input-12-62038c891066> in <module>()
      1 f = open("lyrics_utf8.txt")
----> 2 lyrics = f.read()
      3 print(lyrics)

UnicodeDecodeError: 'cp949' codec can't decode byte 0xed in position 6:
illegal multibyte sequence
```

해결방법

```
1   f = open("lyrics_utf8.txt", encoding = "utf-8")
2   lyrics = f.read()
3   print(lyrics)
```

동해물과 백두산이 마르고 닳도록
하느님이 보우하사 우리나라 만세
무궁화 삼천리 화려 강산
대한사람 대한으로 길이 보전하세

◇ 파일 읽기(파일 입력), read() 함수 사용

파일의 내용을 읽어오는 방법은 다음과 같습니다.

변수 = 파일객체.read()

- -

```
file = open("lyrics.txt")
data = file.read()
```

반드시 파일을 열고 파일 객체를 생성한 후 파일의 내용을 읽어들여야 합니다.

read() 함수의 반환값은 문자열입니다.

애국가 가사가 저장된 텍스트 파일 "lyrics.txt"의 내용을 읽어보겠습니다.

🗒 lyrics.txt - 메모장

파일(F)   편집(E)   서식(O)   보기(V)   도움말(H)

동해물과 백두산이 마르고 닳도록
하느님이 보우하사 우리나라 만세
무궁화 삼천리 화려 강산
대한사람 대한으로 길이 보전하세

lyrics.txt

```
1    file = open("lyrics.txt")
2    data = file.read()
3    print(data)
```

동해물과 백두산이 마르고 닳도록
하느님이 보우하사 우리나라 만세
무궁화 삼천리 화려 강산
대한사람 대한으로 길이 보전하세

1행 파일 "lyrics.txt"를 열어 생성된 파일 객체를 변수 file에 저장한다.

2행 read() 함수를 이용해 파일의 내용을 읽어 변수 data에 저장한다. read() 함수의 반환값은 문자열이다.

파일 객체를 저장할 변수명으로 주로 "f"를 많이 사용합니다. 여러 자료에서 파일 객체가 "f"로 사용되어 "f"를 파이썬의 키워드(예약어)처럼 생각하실 듯합니다. "f"는 파이썬에서 특별한 의미를 갖는 키워드가 아니므로 오해(?)하시지 않도록 이 책에서는 다양한 변수 이름을 사용하겠습니다. ^^

◇ 파일 쓰기(파일 출력), write() 함수 사용

파일에 내용을 저장하는 방법은 다음과 같습니다.

파일객체.write("문자열")

```
g = open("data.txt", "w")
g.write(lyrics)
```

파일에 내용을 저장하기 위해서는 반드시 파일을 열 때 "쓰기"가 가능한 모드로 열어야 합니다.

다시 한번 강조! 파일을 쓰기 모드 "w"로 열게 되면 해당 파일이 이미 존재할 경우 원래 있던(이전) 내용이 모두 사라지고, 해당 파일이 존재하지 않으면 새로운 파일이 생성됩니다.

```
1    f = open("lyrics.txt")
2    g = open("data.txt", "w")
3    lyrics = f.read()
4    print(lyrics)
5    g.write(lyrics)
```

```
동해물과 백두산이 마르고 닳도록
하느님이 보우하사 우리나라 만세
무궁화 삼천리 화려 강산
대한사람 대한으로 길이 보전하세
```

1행 파일 "lyrics.txt"를 기본값인 읽기 모드로 열어 생성된 파일 객체를 변수 f에 저장한다.

2행 파일 "data.txt"를 쓰기 모드로 열어 생성된 파일 객체를 변수 g에 저장한다.

3행 read() 함수를 이용해 파일의 내용을 읽어 변수 lyrics에 저장한다.

5행 write() 함수를 이용해 변수 lyrics의 값을 파일에 저장한다.

📝 data.txt - 메모장

파일(F) 편집(E) 서식(O) 보기(V) 도움말(H)

동해물과 백두산이 마르고 닳도록
하느님이 보우하사 우리나라 만세
무궁화 삼천리 화려 강산
대한사람 대한으로 길이 보전하세

data.txt

◇ 파일 닫기

파일 사용이 끝났으면 close() 함수를 사용해서 파일 객체를 닫아주는 것이 좋습니다.

파일객체.close()

```
g = open("data.txt", "w")
g.close()
```

이미 닫힌 파일 객체는 사용할 수 없습니다.

파일은 왜 닫아야 할까요?

- 파일에 저장할 데이터가 손실될 수 있습니다! 파일 쓰기를 실행하면 파일에 저장할 데이터를 임시 메모리인 버퍼에 저장하고 있다가 파일 닫기가 실행될 때 기록합니다.
- 메모리 공간 차지! 파일을 열어두면 메모리 공간을 차지하므로 컴퓨터의 성능에 영향을 줄 수 있습니다.
- 다른 프로그램에서 파일 사용 불가! 파일을 닫지 않으면 다른 프로그램에서 파일을 사용하려고 할 때 프로세스가 파이썬 사용 중으로 인식되어 사용할 수 없습니다.
- 위 내용은 운영체제에 따라 상이합니다.

예제 11-5

```
1   f = open("lyrics.txt")
2   lyrics = f.read()
3   print(lyrics)
4   f.close()
```

동해물과 백두산이 마르고 닳도록
하느님이 보우하사 우리나라 만세
무궁화 삼천리 화려 강산
대한사람 대한으로 길이 보전하세

1행 파일 "lyrics.txt"를 기본값인 읽기 모드로 열어 생성된 파일 객체를 변수 f에 저장한다.

2행 read() 함수를 이용해 파일의 내용을 읽어 변수 lyrics에 저장한다.

4행 close() 함수를 이용해 파일을 닫는다.

파일 객체를 자동으로 닫는 방법

with as를 사용하여 다음과 같이 파일을 열 경우, 자동으로 파일 객체를 닫아줍니다.

예제 11-6

```
1   with open("lyrics.txt") as f :
2       lyrics = f.read()
3   print(lyrics)
```

동해물과 백두산이 마르고 닳도록
하느님이 보우하사 우리나라 만세
무궁화 삼천리 화려 강산
대한사람 대한으로 길이 보전하세

2. 스프레드시트 형식 파일 사용하기

◇ CSV(Comma-Separated Values)

CSV 형식은 각 항목의 값들이 쉼표(,)로 분리되어 있고, 행은 개행 문자(new line)로 구분되는 파일의 포맷입니다. 엑셀과 같은 스프레드시트 형식의 데이터를 응용 프로그램에 상관없이, 사용하기 위한 표준 데이터 형식입니다. 파이썬은 CSV 파일을 처리하는 CSV 모듈을 표준 모듈(파이썬 배포판에 포함되어 파이썬을 설치할 때 함께 설치되는 모듈)로 제공하고 있으므로, 모듈을 사용하기 위한 별도의 설치과정 없이 CSV 형식의 데이터를 쉽게 처리할 수 있습니다.

CSV 모듈에 정의된 내용은 다음 링크를 참고해주세요~.

https://docs.python.org/3/library/csv.html

◇ CSV 파일 읽어오기

다음 엑셀 파일 "eval.xlsx"를 CSV 형식의 파일 "eval.csv"로 변환하였습니다("엑셀-파일 다른 이름으로 저장하기"에서 파일의 확장자를 "csv"로 선택).

eval.xlsx

	A	B	C
1	ID	과목 1	과목 2
2	1	40	33
3	2	45	40
4	3	37	35
5	4	50	45
6	5	29	35

eval.csv

	A	B	C
1	ID	과목 1	과목 2
2	1	40	33
3	2	45	40
4	3	37	35
5	4	50	45
6	5	29	35

CSV 파일의 내용을 읽어오기 위해서 필요한 과정은 다음과 같습니다.

CSV 모듈 import

↓

CSV 파일 열기: open() 함수 사용하여 파일 객체 생성

↓

CSV 파일 읽기: CSV 모듈의 reader() 함수를 사용하여 파일의 내용 읽기. 이때 반환되는 값은 리스트로, CSV 파일의 각 행별 리스트를 요소로 갖는 리스트입니다 (무슨 말인가 싶으시죠? [예제 11-7]을 통해서 확인해주세요~).

↓

CSV 파일 닫기: close() 함수 사용하여 파일 객체 닫기

다음은 CSV 파일의 내용을 읽어오기 위한 프로그램입니다.

이렇게 매우 간단한 코드로 파일의 내용을 읽어올 수 있다니 파이썬의 매력이 뿜뿜 느껴집니다. ^^

예제 11-7

```
1    import csv
2    f = open("eval.csv")
3    data = csv.reader(f)
4    for stu in data :
5        print(stu)
6    f.close()
```

```
['ID', '과목 1', '과목 2']
['1', '40', '33']
['2', '45', '40']
['3', '37', '35']
['4', '50', '45']
['5', '29', '35']
```

1행 CSV 모듈을 가져온다.

2행 파일 "eval.csv"를 열고 파일 객체를 변수 f에 저장한다.

3행 CSV 모듈의 reader() 함수를 이용해 CSV 파일의 내용을 읽어 변수 data에 저장한다. csv.reader() 함수는 CSV 파일의 각 행의 정보를 리스트로 구성하고, 이들 각행에 대한 리스트를 요소로 갖는 리스트를 반환한다. "csv 파일 읽기"와 같이 2차원 리스트의 형태라고 볼 수 있다.

4행~5행 for 문을 이용해서 변수 data에 저장된 내용을 출력한다. for문이 한번 실행될 때마다 CSV 파일의 각 행의 내용이 출력된다.

6행 close() 함수를 이용해 파일을 닫는다.

위 코드를 잘 이해하셨나요?

주의할 부분은 CSV 모듈의 reader() 함수의 반환값이 다음과 같이 리스트(행의 내용)를 항목으로 갖는 리스트라는 것입니다.

[[1행],	[['1', '40', '33'],
[2행],	['2', '45', '40'],
[3행],	['3', '37', '35'],
[4행],	['4', '50', '45'],
[5행]]	['5', '29', '35']]

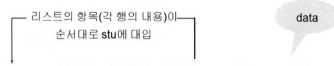

리스트의 항목(각 행의 내용)이
순서대로 stu에 대입

data

for stu in [[1행], [2행], [3행], [4행], [5행]] :

CSV 파일 읽기

각 행의 내용을 읽어 리스트로 저장하고, 이 리스트들을 다시 리스트에 저장한 결과를 반환합니다.

그럼 다음 프로그램의 출력결과는 무엇인지 생각해보세요~.[17]

예제 11-8

```
1  import csv
2  f = open("eval.csv")
3  data = csv.reader(f)
4  for stu in data :
5      print(stu[1])
6  f.close()
```

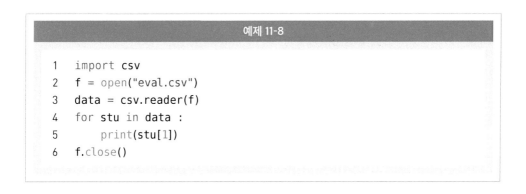

stu 또한 리스트이므로 stu[1]은 리스트 stu에서 인덱스 1번에 대한 것입니다. 그림을 참고해주세요.

◇ CSV 파일 다루기: 파일 데이터의 총합계 구하기

eval.csv

파일 "eval.csv"에서 과목1 점수들의 총합계를 출력하는 프로그램을 작성해보겠습니다. 문제를 어디서부터 어떻게 해결해야 하는지 어려우신 분들을 위해 문제를 나눠서 해결해볼게요.

먼저 과목1의 점수는 두 번째 열에 있는 것을 확인해주세요~.

예제 11-9

```
1   import csv
2   f = open("eval.csv")
3   data = csv.reader(f)
4   for stu in data :
5       print(stu[1])
6   f.close()
```

```
과목 1
40
45
37
50
29
```

1행 CSV 모듈을 가져온다.

2행 파일 "eval.csv"를 열고 파일 객체를 변수 f에 저장한다.

3행 CSV 모듈의 **reader()** 함수를 이용해 CSV 파일의 내용을 읽어 변수 data에 저장한다.

4행~5행 for 문을 이용해서 변수 data에 저장된 내용을 출력한다. for문이 한번 실행될 때마다 CSV 파일의 각 행의 2번째 요소가 출력된다(인덱스는 0부터 시작).

6행 **close()** 함수를 이용해 파일을 닫는다.

제목행을 제거합니다. 출력된 값들 중 제목행인 첫 행에서 출력된 "과목 1"을 제외하고 모두 누적해서 더하면 되겠죠? 첫 행을 제외시키는 방법으로 쉽게는 CSV 파일에서 직접 삭제하실 수도 있구요, 다음 [예제 11-10]과 같이 하실 수도 있습니다. 어렵지 않으니 두 번째 방법을 멋지게 사용해보세요~.

예제 11-10

```
1   import csv
2   f = open("eval.csv")
3   data = list(csv.reader(f))
4   for stu in data[1:] :
5       print(stu[1])
6   f.close()


40
45
37
50
29
```

3행 **csv.reader()** 함수의 반환값을 리스트로 변환한다. **csv.reader()** 함수의 반환값은 리스트 형태와 유사하지만 리스트는 아님. 리스트처럼 보이는데 리스트가 아닌 것은 **list()** 함수를 사용하여 리스트로 변환하여 사용할 수 있다.

4행 data의 1번 인덱스부터 끝의 요소까지 슬라이싱하고 for문을 수행한다. data[0]은 스프레드시트 파일에서 첫 번째 행(제목행)이므로 잘라낸다.

과목1 점수들의 누적합 구하기

예제 11-11

```
1  import csv
2  f = open("eval.csv")
3  data = list(csv.reader(f))
4  sub_1 = 0
5  for stu in data[1:] :
6      sub_1 = sub_1 +int(stu[1])
7  print(sub_1)
8  f.close()
```

201

4행 점수들의 총합을 저장할 변수 sub_1을 초기화한다(변수 초기화가 왜 필요한지 이해가 안 된다면 「Part 08. 반복문」에 나오는 "1부터 100까지 합 구하기" 부분 참고).

6행 for문을 반복 수행할 때마다 변수 sub_1에 과목 1의 점수(stu[1])를 차례로 누적해서 더한다. 이때, stu[1]은 문자열이므로 정수형으로 변환한다.

◢	A	B	C
1	ID	과목 1	과목 2
2	1	40	33
3	2	45	40
4	3	37	35
5	4	50	45
6	5	29	35

eval.csv

입력	출력	
eval.csv 파일 입력 표준 입력(키보드) 없음	과목 1 평균 40.2	과목 2 평균 37.6

18 예시 답안:

```
import csv
f = open("eval.csv")
data = list(csv.reader(f))
sub_1 = 0
sub_2 = 0
cnt = 0
for stu in data[1:] :
    sub_1 = sub_1 +int(stu[1])
    sub_2 = sub_2 +int(stu[2])
    cnt = cnt +1
print("%.1f %.1f" %(sub_1 /cnt, sub_2 /cnt))
f.close()
```

[실습-2] 학생의 ID를 입력하면 과목1, 과목2 점수의 평균을 출력하는 프로그램을 작성하세요.[19]	
입력	**출력**
ID	과목 1, 2의 평균
입력 예시 1	**출력 예시 1**
2	42.5
입력 예시 2	**출력 예시 2**
5	32.0

힌트는 딕셔너리 활용!

다음과 같은 딕셔너리 구조를 만든 후 문제해결방법을 고민해보세요~.

꼭 이 방법을 사용해야 해결할 수 있는 게 아니란 건 아시죠? 문제를 해결하는 방법은 다양하므로 다른 방법을 구상하셨으면 도전~!

키(ID)	값(과목 점수 리스트)
1	[40, 33]
2	[45, 40]
3	[37, 35]
4	[50, 45]
5	[29, 35]

||||||||||||||||||||||||||||||||||||||||||

19 예시 답안:

```
import csv
f = open("eval.csv")
data = list(csv.reader(f))
stu_dic = {}
for stu in data[1:] :
    stu_dic[stu[0]] = list(map(int, stu[1:3]))

stu_id = input()
print(sum(stu_dic[stu_id])/2)
f.close()
```

◇ CSV 파일 다루기: 학점 프로그램 만들기

학생의 ID를 입력하면 해당 학생의 총점/평균, 학생이 받은 최고점/최하점, 학생의 A/B/C 평가를 순서대로 출력합니다(5개의 과목 점수 평균이 40점 이상일 경우 'A', 30점 이상일 경우 'B', 30점 미만일 경우 'C'이다).

	A	B	C	D	E	F
1	ID	과목 1	과목 2	과목 3	과목 4	과목 5
2	1	40	33	29	25	20
3	2	45	40	20	35	30
4	3	37	35	35	38	20
5	4	50	45	38	45	40
6	5	29	35	30	37	35
7	6	20	25	20	35	33
8	7	35	30	40	45	40
9	8	38	20	50	35	20
10	9	50	40	40	38	37
11	10	45	45	40	50	38

stu_eval.csv

입력	출력
학생의 ID	총점 / 평균 최고점 / 최하점 평가
입력 예시	**출력 예시**
4	218 / 43.6 50 / 38 A

먼저 딕셔너리를 설계합니다.

키(ID)	값(과목 점수 리스트)
1	[40, 33, 29, 25, 20]
2	[45, 40, 20, 35, 30]
3	[37, 35, 35, 38, 20]
4	[50, 45, 38, 45, 40]
5	[29, 35, 30, 37, 35]
⋮	⋮

```
1   import csv
2   f = open("stu_eval.csv")
3   data = list(csv.reader(f))
4   stu_dic = {}
5   for stu in data[1:] :
6       stu_dic[stu[0]] = list(map(int, stu[1:6]))
7   print(stu_dic)
8   f.close()
```

{'1': [40, 33, 29, 25, 20], '2': [45, 40, 20, 35, 30], '3': [37, 35, 35, 38, 20], '4': [50, 45, 38, 45, 40], '5': [29, 35, 30, 37, 35], '6': [20, 25, 20, 35, 33], '7': [35, 30, 40, 45, 40], '8': [38, 20, 50, 35, 20], '9': [50, 40, 40, 38, 37], '10': [45, 45, 40, 50, 38]}

1행 CSV 모듈을 가져온다.

2행 파일 "stu_eval.csv"를 열고 파일 객체를 변수 f에 저장한다.

3행 CSV 모듈의 **reader()** 함수를 이용해 csv 파일의 내용을 읽어 변수 data에 저장한다. csv.reader() 함수의 반환값은 리스트 형태와 유사하지만 리스트는 아니다. 리스트처럼 보이는데 리스트가 아닌 것은 **list()** 함수를 사용하여 리스트로 변환하여 사용할수 있다.

4행 빈 딕셔너리 stu_dic를 만든다.

5행~6행 for 문을 이용해서 변수 data에 저장된 내용을 출력한다. for문이 한번 실행될때마다 CSV 파일의 각 행의 2번째 요소가 출력된다(인덱스는 0부터 시작). for 문을 사용하여 딕셔너리 구조를 만든다. 딕셔너리 stu_dc의 키는 ID이고, 값은 과목들의 점수를 항목으로 갖는 리스트이다.

8행 close() 함수를 이용해 파일을 닫는다.

다음으로 함수를 만듭니다.

함수 설계

학점 계산 프로그램		
총점, 평균	최고점, 최하점	A/B/C 평가

함수 기능	총점, 평균 구하기	최고점, 최하점 구하기	A/B/C 평가 구하기
함수 이름	TotAvg	HighLow	Grade
매개변수			
함수 결과			

함수 작성

```
def TotAvg(stu_id) :




    print(tot, avg)
def HighLow(stu_id) :




    print(high, low)
def Grade() :
    if avg >= 40 : print("A")
    elif avg >= 30 : print("B")
    else : print("C")
```

이제 프로그램을 작성합니다.[20]

20 예시 답안:

```python
import csv
f = open("stu_eval.csv")
data = list(csv.reader(f))
stu_dic = {}

for stu in data[1:] :
    stu_dic[stu[0]] = list(map(int, stu[1:6]))

avg = 0

def TotAvg(stu_id) :
    tot = 0
    global avg
    for i in stu_dic[stu_id] :
        tot = tot + i
    avg = tot /5
    print(tot, avg)

def HighLow(stu_id) :
    high = 0
    low = 100
    for i in stu_dic[stu_id] :
        if i > high : high = i
        if low > i : low = i
    print(high, low)

def Grade() :
    if avg >= 40 : print("A")
    elif avg >= 30 : print("B")
    else : print("C")

stu_id = input()
TotAvg(stu_id)
HighLow(stu_id)
Grade()
f.close()
```